江戸文化再考

これからの近代を創るために

中野三敏

笠間書院

資料4　17～19世紀の美人画　↓71頁参照

17世紀

①菱川師宣　見返り美人図（手彩色）

②長陽堂安知　立美人

18世紀

③鈴木春信　雪中相合傘

④喜多川歌麿　歌撰恋之部　物思恋

18世紀

⑤鳥文斎栄之　青楼美撰合　初買座敷之図　扇屋滝川

⑥鳥居清長　女風俗十寸鏡　娘福寿草鉢持

19世紀

⑦歌川国芳　山城国井出の玉川

⑧二世歌川国貞　今様美人揃　梅川楼上みな吉

①⑥東京国立博物館蔵 Image : TNM Image Archives Source : http://TnmArchives.jp/　②⑤『浮世絵聚花』大英博物館　小学館　1979　③『浮世絵聚花』メトロポリタン美術館・ニューヨーク公立図書館　小学館　1979　④『浮世絵聚花』ボストン美術館　小学館　1978　⑦⑧東京都立中央図書館特別文庫所蔵

資料13　『十竹斎箋譜』↓138頁参照

資料14　天明九年　暦　↓142頁参照

資料24 雲室『山水徴』（上 初版、下 後刷）↓214頁参照

資料26　宋紫石編『古今画藪』（上　初版、下　後刷）→216頁参照

資料28 和刻本『芥子園画伝』（上 初版 河南版、下 後刷 菱屋版）↓218頁参照

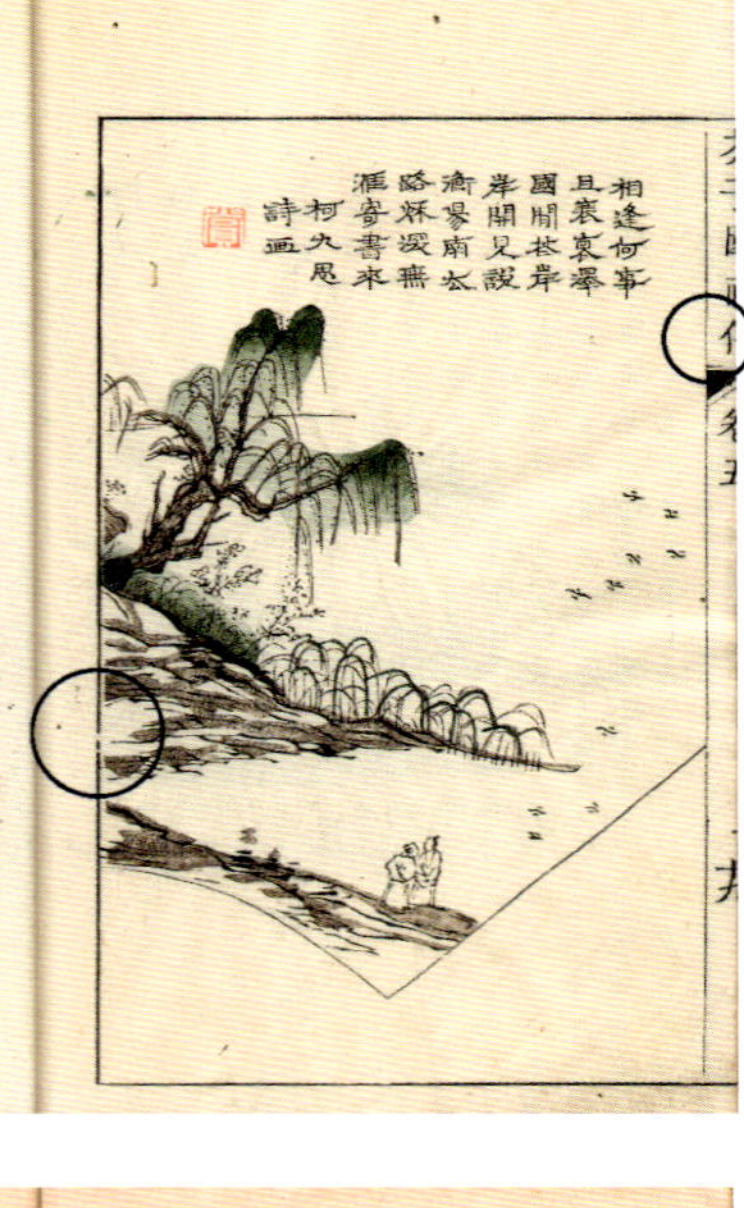

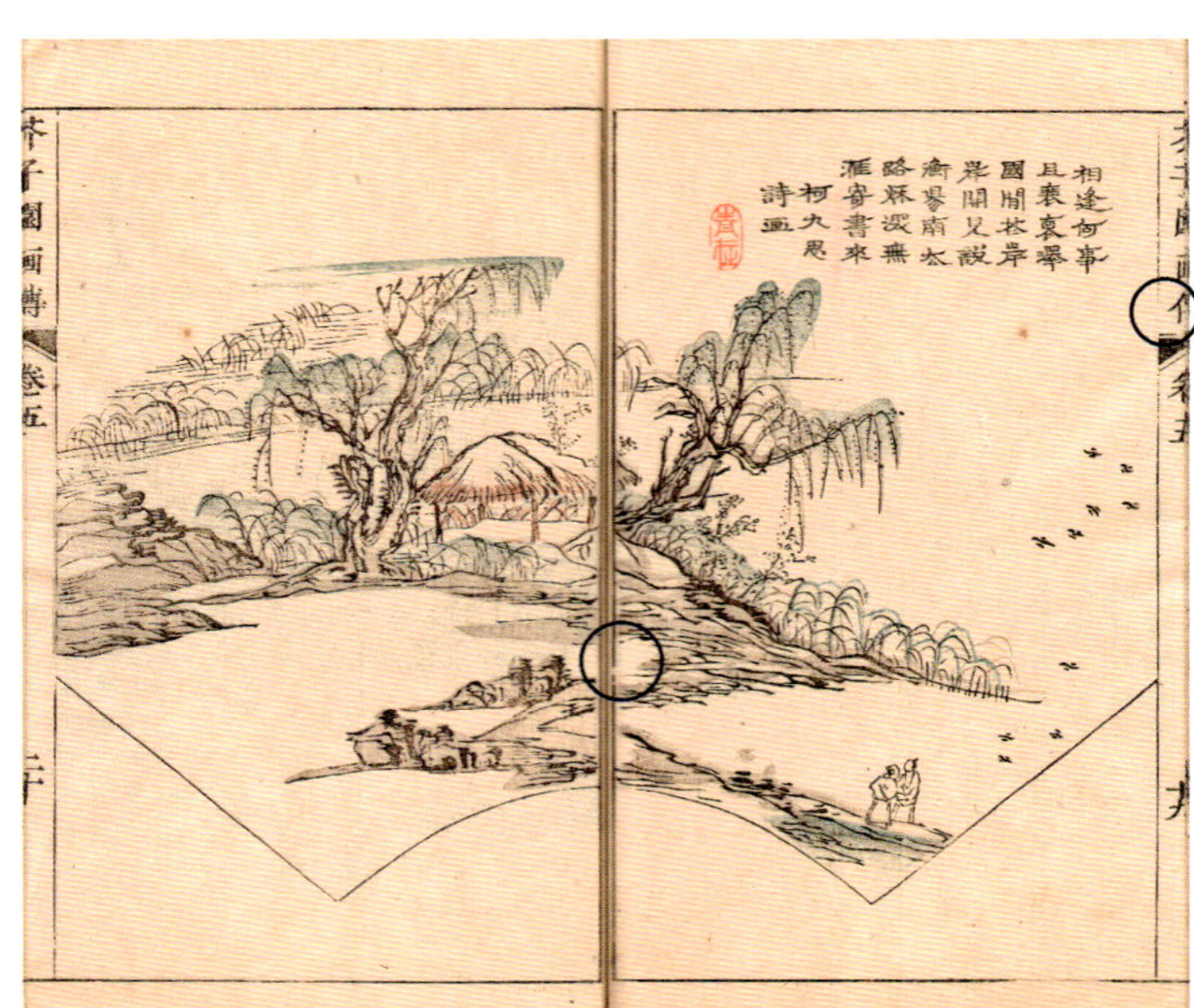

はじめに

本書は平成二十二年の秋、国文学研究資料館で行った五回の講演の記録であります。

ご存知の通り、講演というものは、必要以上に同じような説明を繰り返したり、いらざる接続詞や無意味な強調が多くなりがちですし、話のマクラとして下らない冗談を言ったりしますので、それは出来るだけ省きましたが、たゞ話し言葉の句調は敢えて残させて戴きました。その為、各回の冒頭が却って不自然に御感じになるかもしれませんので、御断り申上げます。

全体としては、従来、特に戦後の江戸理解が余りに近代主義的な評価に片寄り過ぎてきたことに対する意義申立てを試みた積りですが、結局、その最大の理由は、現代読書人の大半が、変体仮名や草書体の漢字、或いは簡単な漢文の読解力を無くしすぎた結果、活字化された文献しか読まなくなった所にあるのではと考え、聊かの警鐘を鳴らす積りで〝再考〟という表題に致しました。即ち、自分の立ち位置を、より江戸に即した所に置いて江戸を見れば、どう見えるかということ、そしてそれこそが江戸を近代の中に生かす為に最適の方法であることを記してみたつもりです。

また、各回の簡単な趣旨を記してみます。

第一回は明治以降、近代人は江戸をどのように処遇してきたかを考えてみました。結果、平成に入って初めて日本人の全体に、江戸に何かを学ぶという姿勢が生じ、即ち漸く近代の本当の成熟が始まったのではないかという見通しを示すことが出来ました。

第二回は、江戸に即した江戸理解の基本に雅(が)と俗(ぞく)との二大範疇を置き、それをハイカルチャーとサブカルチャーに比定して、そのバランスの重要性を示しました。

第三回は、近代主義的誤解の最もわかり易い姿として、封建制にも西洋モデルと江戸モデルの違いがあるのではないかという見通しを示しました。

第四回は、ハイカルチャーとしての江戸儒学を、従来のように朱子学中心ではなく、陽明学中心に考えられるのではないか、とすれば仁斎(じんさい)学も徂徠(そらい)学も、その素直な発展型の一つとして把え得るのではと論じて見ました。

第五回は、前述した変体仮名と草書体漢字の問題を「和本リテラシーの回復」と称してその必要性を説き、更にその前提として〝和本(わほん)〟というものの歴史や特性について記し、現代人が江戸に即して江戸を理解する為の入り口を示してみたつもりです。

江戸文化再考●目次

はじめに　i

第一章　大勢五転（たいせいごてん）　近代人の江戸観について

第二章　雅（が）と俗（ぞく）と　江戸文化理解の根本理念

第五章　和本リテラシーの回復　その必要性

参考資料集

第一章

大勢五転(たいせいごてん)

近代人の江戸観について

高まる江戸ブーム

今日のお話に早速入らせて頂きますけれども、このようなテーマは、実はもう二十年ほど前から、ずっと同じことばっかりお喋りをしたり、書いたりしております。ですから、どこかで見たな、とお思いになる方もいて下さるかもしれません。ただまあ、私が書きますようなものは、そもそも一般の方の目に触れるようなところへはなかなか書く機会がありませんので、研究者の方でしたら、またかというようなお話になるかと思いますけれども、今日聞いて頂ける方々は、何か初めて聞いたというようなお気持ちを持って頂けるかもしれない、と思いましたので、お喋りをお引き受けすることに致しました。それと、今日お配りさせて頂いております資料がですね、どうもうまく今日だけで一回目の分を上手に終われるか、それともちょっと早く終わってしまって、二回目の方に入ってしまうか、というぐらいのところですので、念のために二回目の分まで早めにお配りして頂いていると思います。その二回目にはちょっと彩を添えまして、カラーで刷って頂いておりますので、それはちょっとお土産にお持ち帰り頂ければと思います。それとですね、カラーは二回目の分でありますが、一回目はただ簡単な一枚だけのものを用意しております。それもなんでこんなものが資料になるのかと思われるようなものになってしまっておりますが、そのへんは私の話で補って参りたいと思います。

最近、江戸、特に江戸の文化、あるいは江戸の風俗、あるいは江戸のもろもろの状勢、そういったものに関する、一般の方からの興味といいますか、そういうものが、随分高まってきているということは、私などには、非常に新鮮に感じられるところでございます。私もほとんど半世紀近く、江戸の研究というと格好がつきますけれども、好きで江戸のことをやって参りましたが、五十年間の間にですね、今のような状況は初めてなんです。これはもう全く、私にとっては前代未聞と言って良いような、一般の方からの江戸に対する興味、そういうことを知りたいという欲求といいますか、そういうものがこういうかたちで現れてきたのは本当に初めてです。先ほど武井さん（武井協三・国文学研究資料館副館長）からもちょっとお話がありましたように、若い研究者はなかなか研究を一般向けにお話しすることができない、というふうにおっしゃいましたけれども、おそらくお若い方は、今のようなこういう江戸に対する社会の欲求と言いますか、そういうものが前からずっとあったんだろうというふうにしかお考えになれないだろうと思いますけれども、これは私のように五十年やってきたものの目から見て、とにかく初めてなんですね。それはどういうところが初めてかといいますと、一種の江戸ブームと言いますか、そういうものは実はこれまでにも何度かあったんです。何度かありましたけれども、それと、今の江戸に対する理解、あるいは要求、こういうものはですね、本質的に随分違ってきている。それが、はっきりお話しできるまず最初の取り掛かりになるだろうと思います。

「大勢五転」とは

それで、そのことを私は第一回目の題として「大勢五転」の題を掲げさせて頂きました。この「大勢」と申しますのは、もちろん大きなうねりと言いますか、全体的な流れと言いますか、まあそういうものですけれども、実はこの「大勢五転」というのは、江戸の末期にですね、伊達千広という有名な国学者がおりまして、その人が『大勢三転考』という本を出しております。これは、日本の歴史をずっと眺めていって、全体の歴史の流れが大きく三回変わっているというような意味で、幕末にですね『大勢三転考』という本を出版しております。それをちょっと頂戴しまして、「大勢五転」と。そして、伊達千広の場合は、江戸だけではなくて、それこそ奈良朝以来の日本の歴史をずっと考えて、大きく三回と言っておりますが、私が申しておりますのは、近代人の江戸理解、近代の人の江戸に対する理解の仕方が五回変わったと、そういうふうに私は考えております。つまり、明治以来、日本人が江戸というものをどういうふうに眺めたか、その眺め方に、五回変わり目があったのではないか。今がちょうどその五転目にあたるというふうに考えております。そして、少し先走りをしますと、そういう五転目になって初めてですね、ごくごくまともな江戸理解というものを求めて頂けるようになった。そして、それは私の五十年の経験から言って、全く初めてのことであると。ですから、その辺りからちょっとお話を初めてみようと思います。

それで、そのことを今日のこの一枚目の資料にですね、これは吉川弘文館という歴史の方の専門の本屋さんがありますが、その吉川弘文館がＰＲ雑誌として出しておりますものに、年間六回、その六回分を書いてくれと言われまして、三年程前に書きましたものです（「本郷」67～72号）。それに今日お話をすることとの大きな骨子の部分だけを一回二回として書いておきましたので、今日お話があんまり良く通じなかったとおっしゃる方は、どうぞお帰りになってからこの一回目二回目の文章をちょっとお読み頂ければ多分お分かり頂けるだろうと思います。と、申しますのは、私どももやはり、書くのがどちらかと言いますと本職でありまして、お喋りの方は大体下手くそなんですね。これまで、ここでお話になった方も、それぞれ立派な先生がお話になったと思いますけれども、おそらく、話を聞いているとどうも良く分からんというようなところが出てくるだろうと思います。私なども典型的にそういうことですので、やっぱり喋ることよりは書いたものを本当は読んで頂ければ、一番言いたいことが良く伝わるはずだがなと、常日頃思っておりますので、どうぞそういうおつもりで、後で見て頂ければと思います。

従来の江戸観

先程申しましたように、最近の江戸ブームというのは、これまでのとはだいぶ一味も二味も違って、非常に理想的、我々の方から言うとまさにあるべき姿というものがちゃんと現れてきているというふうに考えておりますけれども、これは結局のところ、要するに近代が行き詰まったという、その一言に尽きるだろうと思います。これまで「近代的」という言葉がマイナスイメージで使われたことは恐らくなかったと思われます。「あなたは近代的なものの考え方の持ち主だ」、「あなたは大変近代的な生活をなさっていますね」。そう言われると、それは褒め言葉以外の何物でもなかったわけですね。ですから、近代的という所を絶対的な価値としておいて、そこから江戸を眺める。そうすると江戸は、すべて非近代。江戸ぐらい非近代的なところはないのです。あえて言えば、日本の近代というのは江戸を否定するところから始まっているわけです。これは、どんな時代でも必ずあって、次の時代というのは前の時代を否定するところから始まる。それは当然と言えば当然なんですけれども、ただ、その上に日本の場合には敗戦ということもありましたものですから、そのつけを全部、江戸に廻して、なおさら江戸憎し、とでも申しますか、江戸はとにかくどうしようもない時代だったと。だから、要するに、江戸的ではなくなることがまさに日本の近代である、というふうに考えられたのです。ですから、僕らみたいに江戸が好きでやっていると、なんだか申し訳ないみたいな。本当にやってて良いのだろうかというぐらいの気持ちと言いますか、そういうものを常に持たされてきた。それが江戸研究のごく普通のかたちであると。ですから、研究者自体もですね、江戸はそういうふうに遅れた時代だ、だから、非常に立派な江戸の研究者の方がですね、江戸の小説なんかをずっとみていって、そして、ようやく、江戸の小説もここまで近代的になったというようなかたちで、江戸の小説を評価するというのが、ごく当たり前のスタイルだったんです。例えば、人情本というのがあります。それは要するに、江戸末期の男女の恋愛モノ、一般の男女の非常に細やかな愛情が描かれている、そういう散文小説。これは、まさに近代小説ですよね。近代小説というのは、大体そのほとんどが、百パーセントと言って良いぐらいそういうものであるわけですから。そうすると、江戸もようやくここまで近代に近づいてきたんだと、そういうかたちでそれを評価する。それが、ごく当たり前のスタイルだったんです。研究者自体がそういう考え方でしか許されなかった、と言うとちょっとオーバーになりますけれども、それを当然のこととして考えていた。だから、まさに今のような、今のようなというのはこれからご説明致しますけれども、今のような状況というのはですね、二十年前迄は本当に考えられなかったような状況だと言ってよろしいかと思います。これは、おそらく皆さん方も、見渡したところ大体僕とそれほど年齢に差があるとも思えませんので、たぶんそういうことは大体頭の隅でそうだったなと思われているだろうと思います。ですから、それの一番象徴的なことがですね、今大変大流行りの、坂本龍馬ですけれども。その坂本龍馬といえば、必ず羊羹色の汚らしい着物を着まして、袴を穿いて、そして腕組みをして、天の一方を睨んで、誰が考えついた科白かはしりませんが、多分、司馬遼太郎さん辺りでしょうか、「さあ、これからが日本の夜明けだ」というふうに言います。龍馬がお好きの方は随分多いので、龍馬がそう言うと、ああ、なるほど、そうだそうだと。要するに明治というのは、まさに日本の夜明け、というふうに理解されて、それに何の違和感も持たずに龍馬の姿を眺めておられるだろうと思います。僕は、なんという馬鹿なことを言うんだろうかと思うのですが、ただし、龍馬の時代はですね、それはしょうがない。龍馬の時代にはそれぐらいのことは言わなきゃ仕様がなかったでしょうけれども。しかし要するに、これからが日本の夜明けだと言うならば、江戸時代は真夜中、真っ暗闇ということですね。そして、それを皆さんは、おお、その通りだと思ってこられたと。ですから、これまでの江戸理解の本筋というものは要するにそういうもので、江戸時代というのは真っ暗闇のどうしようもない時代で、侍はやたら威張り腐ってて、町人は虐げられて、女性の立場なんてのはおよそ考えられもしなかった。そういうふうに、ありとあらゆる事が非近代の塊のように、ずっと見てこられたのは、そういうことを例に出せばご理解頂けるだろうかと思っております。

時代とともに移り変わる江戸観

ところが、そういう考え方にかなり大きく変化が現れてきたのが、最近の世の中だということになるだろうと思います。それを少し細かく、細かくと言いましても僕の話はとにかく大雑把ということで有名でありますので、自分では細かく話しているつもりなんですけれども、やたらと大雑把な話になると思いますが、一応お許し頂いて、そういうことをお話してみたいと思います。

つまり、明治以後、平成の今日まで、近代人の江戸観と言いますか、江戸理解と言いますか、その理解の仕方が五回変わっている。五回というのはですね、これが私の大雑把な理由なんですけれども、実は年号ごとに変わっていると思って下すって、大体よろしかろう。年号というのは、明治、大正、昭和、そして平成。四回しかありませんけれども、昭和というのは間に敗戦という大きな転換点がありますから、その明治、大正、昭和戦前、昭和戦後、そして平成と。そういうふうに考えると、ちょうど五回。そして、この年号の変わり目というのはですね、単に年号が変わっただけで、生きている人間にしてみればずっと一続きですから、そんなに変わりっこないだろうと、ものの考え方がですね、と思いがちですけれども、やっぱりこの年号が変わるという事は、非常に大きな精神の変革と言いますか、そういうものが自然に出てくるんですね。これは、大変面白い事だというふうに言ってよろしいだろうと思います。

明治の江戸観

それで、その最初の明治ですね、この明治は先ほど言いましたように、坂本龍馬が天の一角を睨んで「日本の夜明けだ」と言ったまさにその夜明けの時代です。それで、明治の近代化の一番のテーマは、これは江戸的ではない世界をつくると。新らしい日本をつくるという事だったと思います。これはもう当然、そうならざるを得ないし、そうであって当たり前だったと思います。ただし、そういう事を考えた人は、これはやっぱりいくらなんでも、三歳や五歳の子どもがそんな事を考えるわけはないので。そうなると、坂本龍馬は幾つでなくなったかのか知りませんけれど、まあ少なくとも二十歳前後の人がそれを考えた。明治元年に二十歳ということは、二十年前に生まれているわけですよ。すると、それはまさに、天保ですよね。天保頃に生まれて、二十年間を江戸の人間として育ってきた。ということはつまり、完全に江戸的な教育を受け、江戸的な生活をし、江戸的な環境の中で自分を作り上げてきた。物理的に当然そうなる。そういう人は、足の先から頭の先までどっぷり江戸なんです。これは、皆さん当然ご存知だと思いますけれども、例えば夏目漱石でも、森鷗外でも、幸田露伴でも、正岡子規でも、みんな江戸生まれですよね。まあ江戸生まれのぎりぎりのところですけれども、それでもやっぱり江戸生まれ。ですから、夏目漱石が江戸生まれというとなんとなく、えーほんとかな、と思いますけれども、まさしく物理的にはそうであります。そういう人たちが成人して、江戸的なものをとにかく自分の身体の中から、どっぷり江戸の中で育ってきた自分の中から、江戸をなんとか排除しなければ、という思い。これはやはりですね、相当に強烈なものであったということは当然の事です。ですから僕はそれを、近親憎悪的な江戸否定というふうに考えています。それが、明治の人の対江戸観の、つまり、五転のうちの最初の人たちが江戸に対して持った感覚。これはまさに近親憎悪的な江戸否定であったろう。また、そうでなければ、そう簡単に江戸的なものを払い捨てるなどということはできるはずがない。それが非常に大きな効果を上げた。これはもう間違いないですね。それを、何も僕は否定する訳でもなんでもなくて、その日本の近代化というものがそういうかたちで進められて、そしてそれが大変に成功したということも充分認めなければいけないし、また、それがあったからこその我々の存在でもあるということは、当然の事だと思います。そうやって明治の四十五年から、ということはつまり明治から大正に移ります。

大正の江戸観

大正に移るときは、要するに、四十五歳までの人はもう皆明治生まれ、ということはつまり近代生まれですね。四十五歳以上の人がどれくらいいたのかということは、きっちり調べてみたことはありませんけれども、おそらくその当時の人口構成でしたら、国民の半分以上が、大体近代の生まれ、江戸人ではなくて近代人であるということになります。そうなると、大正という時代はですね、これはもうそんなに近親憎悪的に江戸を否定する必要はなくなった時代だというふうに考えても当然だろうと思います。しかも、一般の生活の大部分は、まだ江戸の名残りに満ちている。そうなると、大正時代の人たちの中には、なにか江戸に対する郷愁とでも言いますか、そういうものが生じてきて、それは充分に許され理解される。そういう状況というのが大正になって出てきたと。それが二転目ということになります。そこで、我々は、その証として、例えば永井荷風、谷崎潤一郎、あるいは泉鏡花、そういう人たちの、いわゆる江戸趣味とでも申しますか、江戸趣味的な江戸理解。要するに趣味的には江戸もまあ捨てたもんじゃない、江戸もなかなか面白かった、立派なものだったと。それで、こういう江戸の名残がいくつも残っていて、そういうものはそういうものとして非常に心揺さぶられるものがある。一方、鷗外・漱石・荷風のようなヨーロッパ体験のある人は、当時日本の似非近代化を痛烈に批判する。そういうものを文芸や文学作品として残していく。また、そういうものに対して非常に共感を持つ人が多い。そういうかたちの意図的、趣味的な江戸理解、これは当然大正に入って顕在化してきた事柄であるだろうと思います。しかし、もちろんベースは、江戸は否定されるべきだと。特に江戸の封建制だとか身分制だとか、そういったものは当然否定されるべきものとしてはあるけれども、しかし、趣味的なところで江戸の風物、江戸の文物、江戸の文化、そういったものに対して、なんとなく懐かしい思いを抱いてそれを眺める人たちというのは大変増えてきて、そういうものがひとつの大きな文化的な雰囲気というのを形作っていた。これは実際だったと思います。そして、その後、昭和です。

昭和戦前の江戸観

昭和というのは、明治の四十五年と大正の十五年を合わせて六十です。六十以下の人は、全部近代生まれということになりますと、これはもうほとんどその当時の人口構成から言っても、日本人のほとんどがもう江戸生まれの人はいなくなった。まあたまにはいますよね、今でも戸籍上は百五十の人がいるというぐらいですから。しかし大半はそういうことになります。そこで、かなり劇的に大きな変化が生じたと。それは、つまり江戸を客観的に眺める事ができるようになった。これはまさに、昭和に入ったその時点からだと思います。つまり、自分が江戸生まれであるから、そういう自分の中の江戸を払い捨てるのに、近親憎悪的に江戸を否定するというような立場をとらないで、もう自分たちは要するに江戸生まれではないんだ、近代人だということから出発するということは、結局、江戸を客観的に眺めるという姿勢がはっきり出てきた。客観的に眺めるというのはどういうことかと申しますと、要するに江戸が学問の対象となったということなんですね。江戸学と言って良いようなものは、まさに昭和初年、そこから江戸を学問的に理解するという姿勢ははっきり出てきたと思います。それが三転目ですね。で、これは、私どものような江戸研究をやっている者にとっては、具体的にそれを指摘することができるのですが、例えば、京都大学の藤井乙男(おとお)先生、頴原(えばら)退蔵先生、あるいは早稲田大学の山口剛先生、そういう方々の、今でも我々が江戸研究をやるときに充分に拠り所として使うことのできる、そういった業績。これは、そういったことを考えてみるまではそんなに気がついていなかったんですけれども、よくよくみますとほとんどが、昭和二年、三年、四年、その辺りでどっと出てくるのです。これは、やはりそういった何か自分たちが江戸から離れて、客観的に江戸を眺めることができる、そういう日本になったということがですね、やはり江戸を学問の対象として取り上げる、そしてその学問的に江戸をきちんと理解しようとする、そういうことがはっきりでてくるようになった。まさに三転目の昭和ということになります。

敗戦後の江戸観

そして、四転目が昭和の敗戦です。これはですね、昭和の二十年ですから、八十歳までの人は全員近代生まれであるということになりますと、これはもう確実に、江戸に後戻りするということは全く考える必要が無くなった。そして、それと同時にですね、敗戦ということになって、与えられたものであれ何であれ、いずれにしても民主主義というようなものが絶対的な価値を持って目の前に現れてきて、そしてそれこそが、江戸の封建体制というものに対する最も近代的な考え方であるということが、世間に行き渡った、周知した。それまではですね、下手するといつまた江戸へ引き戻されるか分からないというような、そういう漠然とした不安があったのではないかと思いますけれど、さすがに敗戦後はそういう感覚はおそらくなくなった。それで、江戸をそこでまたもう一回、大きな江戸理解の転換が行われた。その戦後の江戸理解ということですね。これは、まさに我々が教育を受けてきた、全くその時代の話です。僕が小学校の四年生だったときに敗戦でしたから、それから後の教育というものを一身に受けて育ってきた、そういう世代なんですね。ちょっと余談になりますけれども、戦争体験というのは、これはやっぱりその人がどこにいたかということによって、もうまるで違ってくるわけですね。僕なんかは、九州の佐賀県の山奥におりましたので、全く戦争なんてどこでやっているか分からない。まあ、小学校の四年生ですから、学校へ行けばそれは分かりますけれども、しかし、現実に佐賀県というところは、殆んど空襲を受けたことがないんです。長崎県とそれから福岡県はしょっちゅうやられるわけですね。で、大体長崎に爆弾を落として、それから佐賀県は通り越して福岡県のその北九州の工場地帯があるわけですから。飛行機自体はしょっちゅう上を通ります。通る度に空襲警報ということで、学校が休みになるわけです。とにかく、そういう状況がずっと重なっていましたので、僕にとっては戦争体験というのは本当に無いに等しい。しかし、その後の教育というのは、一律に民主教育というのが大変に熱心に行われた。僕らは、その民主教育の申し子のようなかたちで育ってきたわけですね。ですから、戦後のそういった民主教育というものの中で、江戸がどういうふうに理解されてきたか。例えば、皆さんが学校で習われた江戸や江戸文化に関する理解のベースはですね、まさにそこにあるだろうと思います。今の若い人たちは、もうそれもないんでしょう。それがないんで、まあまた大きく変わってきていると思いますけれども、おそらくここにいらっしゃる年配の方々は、皆さん戦後教育の民主教育の中での江戸というものを頭においておられる。そこから抜け出すことは、なかなか難しいと思います。難しいと思いますけれども、しかし、実はこれからお話しするのは、そこから抜け出してもらわないと、話が進まないんですね。抜け出すためには、それがどういうものであったかということを、やはりちゃんと理解して頂かなければいけません。で、それは、一口に言いますとですね、江戸の近代主義的な理解ということになります。

江戸の近代主義的再評価

それまで全体的には江戸は否定しさえすれば良かった。反対しさえすれば良かったんですけれども、昭和の戦後になりますと、江戸を否定するばかりではなくて、江戸の中にも何か近代にとって意味のあるものが色々とあったんではないか。そのつもりで眺めてみると、ああ色々あるよと。江戸の再理解というものが、そういうかたちで行われた。これもしかし、根本は江戸否定です。封建体制とか身分制とかは、そういうものは否定するべきなんですけれども、そういうものとは別に、なにがしか江戸の中に我々の近代を形成していくための、あるいはこれからどんどん発展させていくための非常に大きな芽のようなもの、萌芽とでも言いますかね、近代の萌芽、近代の芽、そういうものが実は江戸の中に脈々とつくられていたんだ。そこは評価しなければいけないということになったわけです。その一番典型的な例は、例えば、江戸時代の洋学、つまり西洋の学問ですね。例えば、杉田玄白の『解体新書』であるとか、あるいは、平賀源内のエレキテルなんとかかんとか、わけの分からんようなものを色々つくったという、まあそういうものと、あるいは、オランダ語や英語の辞書も盛んに苦労してつくって、そしてそういうものを一生懸命勉強したという福沢諭吉あたり、そういう色んな西洋の学問、そういうものが江戸時代に結構行われていたと。で、そういうものが基本になって、それを土台にして新しい近代の日本が作られていった。そういう点で、これは絶対に評価できる。それからまた、文学の世界で言えば、例えば、西鶴のリアリズム、あるいは近松のヒューマニズム。こういったものは、近代の文学理念からみても充分に評価できるものであると。だから、そういうリアリズムや、あるいはヒューマニズムの文学の出発点として、そのへんからしっかり勉強しなければいけません、というようなことを、我々は教わったんですね。そしてまた、江戸の文学といえば、これは庶民の文学である。庶民の文学というと、西鶴なんかももちろんのことですけれども、もうちょっと下って、京伝、あるいは三馬、馬琴、一九、種彦、春水、そういった人たちは、まさに庶民の文学や文化を作り上げてきた、大変に大きな存在である。だから、そういうものは充分評価しなければ。そして、この結果がですね、教科書に出てくる江戸文学と言えば、全部それしかなかったんです。これは、皆さん方ちょっとお考え頂ければすぐ頷いて頂けると思いますが、今言った、西鶴、近松、まあ芭蕉なんかも入りますね、西鶴、近松、芭蕉、京伝、三馬、馬琴、一九、種彦、春水、それ以外に何か教科書にとられるような江戸時代の文学者っていましたか。おそらく皆無だと思います。ですから、江戸の文学といえば、そういう人たちだけの世界というものが、これがごく当たり前のこととして教育されて、僕らなんかもまさにそれを頭から叩き込まれて、で、その現代に至っているわけですね。ですから、まさにその四転目の戦後の日本人の江戸に対する理解というのは、まさにそこにあります。そして、これはですね、おそらく今でもまだそこからほとんど抜けきっていないと言っても、まあそれほど過言ではないんではないでしょうか。それは、一般の方がそうであるというだけではなくて、研究者の方もですね、だって我々が子どもの時にずっとそういうことばっかり叩き込まれてきたわけですから、まあ年齢構成にもよりますが。おそらく、五十代以上ぐらいの研究者は、まだ半分ぐらいはそんなところなんじゃないのかなと思いたくなるような、そういう現状であることは間違いないと思います。そして、それを一言で言いますと、要するに、江戸の近代主義的な理解、つまり、近代主義的に評価できる部分だけを江戸の中から摘まみ上げて評価する。ぼくはそれを、ルーペとピンセットで江戸を理解する姿勢だというふうに比喩的に書いたことがありますけれども。要するに、江戸というものを目の前にこう展開させまして、そして片手にルーペを持って、片手にピンセットを持って、そしてずっと虱潰しに探していって、「あ、ここにも江戸の近代の芽があった、ここにも近代の芽があった、ここにもあった」そうやって摘まみ上げたのが、要するに洋学であり、それから、西鶴であり近松であり、それから、三馬、京伝、馬琴、一九であった。というふうに考えれば、まあそれほど間違いはないのではなかろうかと思います。そういうのが四転目だったわけですね。そして、現在もその呪縛というふうに言ってしまうと怒られるかもしれませんが、その縛りからなかなか解き放たれないでいるというのが現状であるだろうと思います。それは要するに、近代主義というものが絶対であったわけですよ。近代主義的に評価出来るものでなければそんなものは評価する必要はない、というのがまさに一番基本的なものの考え方であった。

平成の江戸観

それが、この平成、五転目ですね。平成に入って初めて、近代主義とは本当にそんなに素晴らしいものだったのかという疑問が、やっとここに入って出てきた。これはまあ当然、近代主義そのものの持つ、色んな歪みと言いますか、あるいはそういうものがとにかくどんどん露呈されてきた。そして、近代主義というのは本当にプラス評価だけで良かったのか。近代主義のマイナス面というものが、かなり大きくあるのではないかというようなことに、ようやく我々気が付いたわけですね。で、その結果、現在のような全く新しい江戸に対する理解というものが持てる、それも研究者の方が色々説明をするというのではなくて。研究者はどっちかというと、若干遅れているところが大きいと思いますけれども、一般の方から江戸に対してそういうふうに、近代主義的なことだけで江戸をみてていいのかと。そうではない、近代主義を乗り越えるような、あるいは、近代主義の歪みを是正するような、そういうものが江戸の中にあるんじゃないかということを、一般の方からですね、我々の方へ、言わば問いかけられる。そういう状況が、僕はまさに、平成に入ってはっきり出てきたというふうに思っております。ですから、それに対しては我々の方で、ちゃんとした答えを示さなければいけない。それが、我々の責任でもある、義務でもある、そのように考えている次第なんであります。ですから、その五転目の、要するに近代主義批判とでも言いますか、そういったかたちでの江戸理解というものが、どこまでできるのか、どこまで実効を持つのか、どういう姿として説明すれば分かり易いのか。そういうことをお話をしなければいけないんではないか。そういうことで、実はこの今回のお話も有り難くお引き受けしたような次第だったわけであります。

近代は終わったのか？

で、近代主義批判というふうに申しましたけれども、そうするとですね、一般の社会では、まあ特に雑誌やなんかでやたらと煽られた表現がいっぱい出てましたけれども、そういうのは要するに、もう近代は終わった、ポスト近代だ、というようなそういう言葉がやたらと出てくるようになったわけです。実はそれも、僕はちょっと早すぎるんではなかろうかというふうに思います。ポスト近代と言いますけれども、じゃあこれまでの日本の近代は一体なんだったのかということになりますけれども、早速そんなに言うほど日本の近代というのは立派な成果を修めてきたのか。僕にはとても、そうは思えないんですね。日本の近代というのは、ちょっと急ぎ過ぎた。そういう急ぎ過ぎた近代という感じがしてならないんです。ですから、私は、おそらく本当の近代は、これからだろうと思っております。しかし、これからの近代ということになると、僕なんかはもう間に合わないんですね。ですから、若い人。とにかくこれからの、今の若い世代の人たちが、本当の意味でのこれからの日本の近代を創っていく。そういう責任をお持ちであるだろう。そういう人たちに対して、我々が何かそのお話しできること、残していけることがあるならば、それを残していかなければならない。まさに、そういう年令の巡り合わせとでも言いますか、そういうところに我々は来ているんだろう。ですから、できるだけ多くの所でこういうことをお話しするのが、僕の義務でもあるだろうと思っているわけです。

これからの近代、ということはつまり、近代の成熟ということですね。近代を成熟させるのに、どういう方法があるのかということなんですけれども。僕は、それこそ平成に入って、最も大事な論点になっていくのではなかろうかと。決して、日本が近代を終えてもうその次の時代だなんて言うことを考えるのではなくて、まだまだこれからが本当の近代だと。だって、日本の近代なんて、明治から言ってもまだ百五十年か百六十年しか経ってないわけですよ。わずか百五、六十年で、しかもその間に世界的な戦争も何度もあった。そういう状況の中で、近代が本当に成熟できるのか。これはまあ、僕は無理だと思います。

文化成熟のモデルとしての江戸

文化が成熟するということの一番良い例を示してくれているのが、僕は江戸だというように考えるわけですね。江戸時代というのは三百年弱あります。その三百年の間に、江戸の青年期があり、そして成熟期があり、そして老年期があって、そして近代に変わった。ちょうど三百年といえば、百年、百年、百年で、青年期、成熟期、老年期という、そのちょうどワンサイクルと言いますか。それを江戸は立派に成し遂げた。その間に、戦争は一度もなかった。そういう平和な状況というものがつくられて、その中で文明が、青年期から、成熟期から、老年期へと、非常になだらかな動きでひとつの文化の終焉を迎えた。僕は文明というのはですね、いわゆる近代主義的にどんどん後になるほど良くなるというようなものではないと思います。これはもうそれこそ、ポンペイの遺跡を見るだけでも分かるわけで、紀元前にあれだけの文明ができあがって、しかもそれがいつの間にか全く消え去ってしまっている。それと同じように、やっぱり一つの社会体制の中で、その社会体制に即した文明というものが生まれて、育って、そして死ぬんだと思うんですね。そして、死ぬときには新しい社会体制になる。と、その新しい社会体制の中でまたその新しい社会体制に即した文化が生まれて育って、そしてまた死ぬ。そういう繰り返しをずっと続けていくものだと僕は思います。ですから、文化にはですね、いわゆる成長、発展し続けるなどということは、これはあり得ない。社会体制が変わることによって、その体制に即した文化というものが無くなる。だから、江戸時代というのは、江戸時代の社会体制というものがあって、封建体制、身分制度、今から考えれば一番嫌な社会体制があって、初めてそれに即した文化が生まれ、育ち、そして死んだ。ですから、今さら江戸の文化をもう一回復活させようとしても、それは無理だと思うんです。それはもちろん、社会体制が全く違っているわけですから。だから、今から我々が考えなきゃならんのは、この新しい社会体制の中で、新しいその社会体制に即した文化を、生まれ、育ち、そして死ぬところまでちゃんと面倒を見るというのが、我々の責任であるだろうと思います。そして、そのための一つの非常に良い例として、江戸時代というものがある。

江戸文化に対する姿勢

渡辺京二さんという『逝きし世の面影』（初版 平成十年 葦書房・平成十七年 平凡社より復刊）を書かれた方と対談をさせて戴いたことがあります。その時にもですね、僕はそういうふうに申しました。これからが日本の近代でしょう、と。そしたら渡辺さんは、もうとてもそんなことは自分には考えられない、自分は日本はもう駄目になると、そういうふうに、非常にペシミスティックなことをおっしゃいました。まあそこは、僕が楽天的で渡辺さんが悲観的で、それだけのことにすぎないと思いますけれども、ですから渡辺さんは、『逝きし世の面影』という題を明確に付けられたわけですね。もう既に行ってしまった、もう取り返しのつかない時代である。江戸が取り返しのつかない時代だということは、これは良く分かります。僕なんかもまさにその通り。しかし、新しい時代というのは、それにまたふさわしいものを生み出していかなければいけない。ですから、それを生み出せるかどうかというのは、これからの世代にかかっているということは、当然のことと思います。そうやって、新しい世の中、新しい二十一世紀というものが始まっていくとすれば、そのときに一番大事なことは、江戸というものを江戸に即して眺めるという姿勢であろうと思います。戦後の日本は、江戸の中の近代主義的に評価できる部分だけをピンセットで摘まみ上げて、それだけを評価してきたんですね。それが、これまでの日本の近代であったわけです。それは、あまりにも一方的だし、そしてまたいかにも、近代の青年期にやりそうなことだなと考えます。ですから、近代は百五十年かかってようやく、ここのところで青年期を終えようとしていると考えるべきではなかろうかと。とにかく青年期というのは、自分自身のことを考えても分かりますけれども、自分に都合のいいことだけを評価するんですね。自分に都合のいいものだけを摘まみ上げて、それだけを評価する。そして、それ以外のものは、自分の趣味や好みに合わないものは、一切振り捨てて構わない。だから、江戸の身分制度とか封建主義なんてものは、近代に一番そぐわないものだから、一切振り捨てて顧みない。そして、自分たちに都合のいい、文学でいえば、ヒューマニズムとかリアリズムだとか、あるいは庶民の文学であるとか、そういうものだけを評価する。さらには、洋学が、というようなことだけを取り上げて、江戸の中で評価できるのはそれだけだというふうにして。それが、これまでの教育で、その結果僕らのような人間が生まれてしまったということになるわけですね。ですから、そろそろそういう形に終止符を打たなければならないんじゃないかと。そして、そのためには、江戸を、近代主義的に良かろうが悪かろうがですね、良いところはもちろん良いところで簡単に評価することはできますけれども、一番近代的ではない部分も全部ひっくるめて、それが江戸の文化の姿だというふうに考えて、その中で江戸は立派な文明を作りあげた。それをちゃんと理解する。そういう姿勢を持つべきではないか。それが、これからの江戸文化に対する我々の姿勢。まさにそこにあるんではないかというふうに思います。そのためには、江戸をとにかく良く知らなければいけない。江戸を知るためには、じゃあ何があるのか。すると、これは書物しかないんですね。

「和本リテラシー」とは

そこで、私はここのところ、「和本リテラシー」ということを、このところそればっかり。書く時にも必ずその話になってしまうものですから、自分でもちょっと、なんというしつこい人間だろうかと思いながら書いているところもありますが、「和本リテラシー」というのが、これが絶対的に大事なことになってくる。要するに、和本が読めるか読めないかというだけの話です。

その話を、今度の五回連続の一番最後でまとめてお話をしようと思っております。ですから、どうぞ、二、三、四回まではご出席にならなくても構いませんので、五回目だけは何としてでも聞いて頂きたい。そして、その五回目で私が言わんとすることは、それに尽きると思っております。ですから、その辺まで具体的には、必ずその問題と話が繋がっていくとは思いますけれども。

実は今日もですね、ちょっと遅れて、四谷でそういう事故にひっかかる原因を自分で実は作ってしまっていたんですけれども、ちょっと今日お話する材料にと思って。ちょうど金曜日と土曜日というのはですね、お茶の水の古書会館というところで、毎週何軒かの古本屋さんが集まって古本の即売会をやるんです。ちょうどお茶の水で泊っていたものですから、ちょうどいいやと思って、ちょっと皆さんにお見せしようと思ってこういうものを買ってきたわけですが、これは皆その場の収穫ですけれども、ちょっとご覧になって分かると思いますが、汚い本ですが、これが三百円です。これが五百円です。これが若干高くて八百円。これが四百円、五百円。そんなもんなんですよ。皆さんね、和本というのは、なんかやたらと高いもののようにお考えですけれども、こんなものなんです。そしてこういうものはですね、これまでの近代主義的な江戸理解においいて、全部はねられてきた本なんですよ。ですから安いんです。つまり、近代主義的には誰もこういうものに目を向けない。そのために、こういうものが、千円以内ですよ全部。スターバックス二回分で買えるわけです。こういうものを見ることで、本当に過不足のない江戸の全体像というのが自然に見えてくる。ところが、こういうものをですね、一般の方は読めないというんです。読めないと言っても、百五十年前まではこれしかなかったんですから、文字は。これは漢文ですけれども、これは手書きですが、これしかなかったんですよ。百五十年前まで、日本人は全部これを読んでいたわけです。皆さん方のおそらくお爺様の時代、それまでは、ごく当たり前に皆読んでる。それが、わずか戦後の六十年の間に、こういうものが全く読めなくなってしまった国民というのは、百五十年前に書かれたものを、国民の大半が誰もそれを読めないという文化国家なんて、他にどこにあるだろうか。あることはあるらしいですけどね、いくつか（笑）。でも、日本は一応、世界に冠たる文化国家ということになっているわけでしょ。アメリカの小学生で、十八世紀の独立宣言を読めない小学生はいないということです。日本の知識人で、福沢諭吉の『学問のすゝめ』**【資料1】**をそのまま読める人が何人いるか。これはおそらく、全部入れても五千人いるかいないかだろうと思います。そうすると、日本人の全人口の0.004パーセント位なんですよ。そんな文明国が一体どこにあろうかと思います、本当に。そして、これまでは、そういうものを読まなくて良かったわけです。要するに、江戸は振り捨ててしまえばそれで済むわけですから。ところが、やっとこの平成になってですね、江戸をやっぱりもう一回きちんと見直して、そして江戸の中に近代のこのゆがみをなんとか是正できるようなものがもしあるならば、そういうものに学びたいという、そういう気持ちになった時にですね。気持ちだけはそうなったけれども、その為の材料となる書物を読む能力が殆んどなくなったという、そういうことがこの現実なんです。これはやっぱり、勿体なさ過ぎるんじゃないですか。

明治以前の書物の実態

そしてね、もうひとつの問題はですね、皆さん、全部大事なものは活字になっているだろうと思っておられるわけですよ。日本の知識人で、古典なんていらないという知識人はおそらく

學問のすゝめ
福澤諭吉
小幡篤次郎　同著
一天ハ人の上ニ人を造らず人の下ニ人を造らずと云
へりされバ天より人を生ずるニハ萬人ハ萬人皆同
じ位ニして生れながら貴賤上下の差別なく萬物の
靈たる身と心との働を以て天地の間にあるよろづ

資料1　福沢諭吉『学問のすゝめ』

いないと思います。古典は大事だ、『源氏物語』は素晴らしい。あるいは、『奥の細道』は文章が良い。あるいは、落語や文楽は、あれだけおもしろいものがあるじゃないか。そう皆おっしゃいます。それで、そう言いながら、そういう方々が、何で『源氏物語』を読み、何で『奥の細道』を読んでいるかといいますと、全部活字で読んでおられるのです。そして、大体必要なものは全部活字になっていると思い込んでおられるんですね。多分そう思ってたという方はちょっと手を挙げて頂けませんでしょうか。そうでしょう、まあ大半とまでは言いませんけども、ほとんどそうですね。実際の数字から言いますとね、僕は活字になってるのは、明治以前の書物の一パーセントだと思います。つまり、最近は数字を言わないと色々問題にされますので、数字を挙げますと、例えば、この研究資料館で版権を持っておられる、岩波書店の『国書総目録』。おそらくここへ来られた方は大半の方はご存知だと思いますけれども、日本で作られた明治以前の書物の所在目録ですね。どれだけのものがあるかということが五十音順に全部出してある。それが、約五十万点。しかし、僕なんかでも見ておりますと、入っていないものがやたらとあるわけですね。ここにあるものなんかでも、今日、古書店で買ってきたものですが、こういうものは全然入っていません。『国書総目録』の場合は、現在大学の図書館とか、そういう公共の図書館とか私立の図書館とか、図書館にあるものだけを集めて五十万点です。五十万点ということは、つまり、五十万種類ということですよ。例えば、『源氏物語』だけで一点として考えて、それで五十万点というのが今の『国書総目録』の計数です。実際は、それの倍はあるだろう、と。つまり、それに入ってないものがやたらとあるわけです。現実に、僕なんかが自分で持っているものでも『国書総目録』に入っていないものはいくらでもあるわけです。そうすると、おそらくその倍。とすると、百万点。百万点でもちょっと少ないと思いますね。おそらく僕は百五十万点位はあるかなと。それが明治以前に作られた書物の総点数です。そして、活字になっているのは、おそらくどう集めても、これは大体文学書みたいなのが中心ですけれども、それ以外の社会学的な、あるいは歴史学的な、あるいは哲学的な、そういったあらゆる活字になったものを全部集めても、一万点にはおよばないと思います。そうすると一パーセントですよ。百万点として一パーセント。百五十万点とすれば、もっとわずかということになりますね。それだけしか読めなくなっているのが我々の現状だということです。百万点もあるのに、そのうちの一パーセントしか読まないで、古典は大事だといえるのかどうか、ということですね。もちろん古典といえば、一点でも良いという立場ももちろんあります。聖書がひとつあればいい。あるいは、「論語」がひとつあればいい、とおっしゃる方もあってしかるべきだろうと思いますけれども。ただそれと、私が今申し上げているのとは若干意味が違ってくるわけで。しかも、これまで活字になっているものというのは、今も申しましたように、まさに明治以後の近代主義絶対という立場で選ばれた古典であるわけです。そういう古典だけが、なんとか一万点ほど活字にはなってる。しかし、それは近代主義的に選んだ古典ですから、そういうものだけを読んで近代主義の歪みを是正するだなんてことができるはずがないというのは、当たり前の理屈だと思います。やっぱり、さきほど御見せしたようなものを読んだ方が良いんですよ。五百円で買えるわけですから。五百円のものを読めば、近代主義をどう乗り越えるかということのヒントがいっぱい詰まってる。勿論、一冊読んだだけでは無理だと思いますけどね。これからどんどんそういったものをお読み頂いて、そして何か江戸の本当の姿というものをそこから若干でも摘まみ上げて頂くことができれば、それはどんなにかこれからの近代を成熟させるための、良い材料になるかもしれないと思っております。

そうやって、江戸のものを読むということは、要するに複眼を持つということだと思います。つまり。これまでの近代人の江戸の理解というのは、あまりにも単眼で、一つ目だけで見てきた。それは近代主義という一つ目だけで江戸を見てきた。それを、もう一つの目、それがつまり「和本リテラシー」ということになりますけれども、そういうもう一つの江戸理解の目を持つ。それによって初めて、江戸というものが立体的に見えてくる。片目で見ても、ものはどうしても立体的には見えない。とにかく二つ。そのもう一つの目というのが、江戸に即した江戸理解の目というものがもう一つ必要だろうと思います。そういうものを合わせ持つことによって、江戸がはっきり立体的に見えてくる。そしてそれが、近代主義というものをもう一つ乗り越えるための、非常に大きな力になってくる。

和本を通して過去と対話する

最近は、外国語の勉強ということが大変重要で、小学生にも英語を教えるなんてことになっています。確かに、外国語というのも二つ目の言語といいますか、日本語だけでなく外国語。そして、外国語によって物事や世界を立体的に眺める。それは、非常に意味のあることだと思います。思いますけれど、ただそれはですね、いわば空間軸上の理解ということになってくるだろう。要するに、日本というのがあって、外国の、アメリカでもイギリスでも何でも良いんですけれども、その外国の言葉を理解することによって、その国の文化というものに直接に接する。そうすると、それは物事を立体的に見ることの非常に重要なポイントになる。それは確かにその通りです。ただ、それはあくまでも空間軸上いわば平面のことであって、僕は、もう一つ、垂直の線における立体化ということがまた大事だろうと思います。垂直というのは要するに、「和本リテラシー」というものを身につけて、それでもって我々の過去の先人と直に話をする。外国語で外国人と話をするのも結構なんですけれども、それはそれとして、またもう一つは、この縦の線ですね、時間軸。時間軸に沿った過去の人との対話というもの。それができるかできないかというのは、これはやはり大きなことだろうと思います。そして、それができれば、我々の現実の解釈とか、現実の理解というものは、それだけ大きく膨らませることができるし、意味のあることになるだろう。そのようにも思いますので、「和本リテラシー」ということを、何とか根付くようにしようと思って、小学生に英語を教えるぐらいなら、変体仮名を教えてくれと、まあそう言っておりますすんですが、およそ歯牙にもかけられません、今の時点ではですね。ですから、最後にお話しする「和本リテラシー」についてちょっと熱が入り過ぎましたけれども、それはまた後でじっくりもう一度お話を致しますので、それをご期待頂いておくことにして、今日は、大勢五転という、大体大雑把なところではそういうことをお話ししました。そして、結局のところ、江戸は江戸に即して江戸を理解するという姿勢が大変大事であるということを、今申しました。これまでは、江戸を近代主義的に裁断して、近代主義的なところだけを摘み上げて理解すればそれで済むというふうにされていたのが、これまでの江戸理解であると。教科書なんかがまさにそうであると。そうではなくて、江戸を江戸に即してということは、つまり近代の方から見てそれが都合が良かろうが悪かろうが、いずれにしても一つの全体像として江戸を理解する。そういうことが、本当は非常に大事なことになるんではないかと。そして、それをやるためには、どうすればいいのか。それから、また、それを自分で早速お茶の水へ行って五百円で一冊買ってきて、それでそれを読んだらああもう江戸がよく分かった、というようなことにはおそらくならないだろう。ですから、そういうことの手助けのために、僕がそういうものを僕なりに四十年間読んできて、そして江戸というのは僕はこういうふうに理解することにしております、ということをこれから三回か四回に渡ってお話をする。そして、そういうことを下敷きにして、そして改めてリテラシーをつけて頂いて、五百円出してこういうものをお買い頂いて進めばよろしかろう。

消えていく江戸の書物

もうひとつ申しますと、これ五百円で僕買いますね。買ったから今持ってるんですけれども、もし僕がいなくてですね、これが今日売れなかったら、この値段の本はおそらくほとんど潰されるわけです。なくなるわけですよ。だって、五百円で売るくらいですから、本屋さんにとっては紙くずなんです。で、紙くずは置いとけば置いとくほど邪魔になりますから。だから、当然こういうものは潰しになる。それでも、まだこういう本の格好をしてれば、まあなんとか取り留めようとする人もいるかもしれないけれど、もうこんな程度のものになりますとですね、これはもう確実に潰されます。ようするに、安いからですね。高ければ、本屋さんは目の色変えて一生懸命それを売ることになります。しかし安いのはなぜかというと、皆読めないからです。読めないものを買う馬鹿がいるものですか。だから、読めなくて安いものは当然潰しになる。これが、『奥の細道』とか西鶴のなんとかとか、一点で二十万とか五十万とかという本になれば、それは後生大事に古本屋さんは陳列棚に入れて、お客さんを待つわけです。しかし、五百円のものにそんな手間はかけられない。ですから、皆潰されてしまう。それが今でも、今日の古書会館でもですね、平台のところにおそらく五百点ぐらいこういうのがわっとあります。これは、殆んど潰しになるわけです。これが、本当に勿体ない。だから、せめてここへいらっしゃった方ぐらいは、五百円をお出し頂いて、それを取り留めて頂きたいというのが、本当の偽らざるところなんです。そういうことが、これから我々が本気でやらなければいけないことなんじゃないかと。まあ、そのためにはipadなんてものは役に立つと思うんですけれどね。全部入れてしまえばいいんですよ、誰が読むわけでなくても、とにかく入れてさえあれば、リテラシーが身に付いた時に読めばいいわけですから。だから、そういう点では僕はipadは、こういうものにとっての福音であるというふうに、実は今度ちょっと頼まれたもの（池澤夏樹編『本は、これから』岩波新書　平成二十二年）に書いてはみたんですけれどもね。

古典の精神を熟成させた江戸

資料の中でひとつ忘れていましたが、こういうものがありますね。なんか変なものだとお思いでしょうが、これは『国書総目録』の『源氏物語』**【資料2】**のところをコピーしただけのものです。要するに、右側の一番上の段の、六番目のところに源氏物語とありますね。それから、ずっといって、左のページの四段目の最初の三行ぐらいまで。要するに全部、『国書総目録』に取り上げられた『源氏物語』の所在目録です。これだけの『源氏物語』があると。これを全部勘定するのは面倒くさいんで大雑把に勘定しましたところ、全部で三百点くらい。だから、『源氏物語』が全部で三百点ぐらいは今『国書総目録』を開くだけでも、どこにあるということが分かる。これ三百点ですけれども、源氏の専門家に聞きましたところ、全部で八百点ぐらいはあるんじゃないかということです。ですから、八百点あるとして、『国書総目録』に載っているものの倍ぐらいはあるということなんですね。そして、その源氏物語の八百点の中の、江戸時代以前に書かれたことが大体はっきりしているものが百点弱だということです。そして、一番古いものでも、鎌倉の前期か中期かそのくらいだろうということでした。ですから、江戸以前の百点の大半は大体室町のところまで、それ以外は全部江戸時代なんです。八百点のうちの七百点は江戸時代に書か

資料2 『国書総目録』（岩波書店 一九九〇年）より『源氏物語』（抜粋）

×**源氏文字くさり**（げんじもじくさり） 一冊 写国会(桜園叢書六八)・宮書(一軸)(待需抄三)(先代御便覧三)・陽明 →源氏物語文字鎖 →文字鎖

源氏文字ぐさり（げんじもじぐさり） 類往来物 著逍遙院 成宝暦一三以前 ＊往来物分類目録による

源氏文字鎖（げんじもじぐさり） →文字鎖

源氏物あらそひ（げんじものあらそい） 一軸 類物語・評論 写明大(応永二〇写) 活中世文学五

げんじもの語（げんじものがたり） 一冊 角十情 類艶本 著歌川風画 成江戸末期刊 ＊日本艶本目録(未定稿)による

◉**源氏物語**（げんじものがたり） 五四冊 別源語・光源氏物語 類物語 著紫式部 写国会(巻四二欠、五四冊)(伝上田秋成写一冊)(蜻蛉、古写一冊)(蜻蛉、明応二写一冊)(二部)・内閣(関屋・手習欠、五二冊)(書入本、五四冊)(帚木・空蟬・夕顔欠、五一冊)(葵、一冊)(若菜下、一冊)・静嘉(夕顔欠、五三冊)(残欠本、古写二六冊)(鎌倉中期写、幻・早蕨以上河内本二冊、蓬生・胡蝶・螢・横笛以上青表紙本三冊)(帚木・空蟬、青表紙本、伝冷泉為秀写一冊)(澪標、青表紙本、伝藤原家隆写一冊)(初音、青表紙本、伝慈鎮写一冊)(賢木、別本、伝冷泉為相写一冊)(手習、青表紙本、伝二条為氏写一冊)(竹河、別本、伝西行写一冊)(浮舟、河内本、伝藤原為家写一冊)(中院通勝等写五四冊)(巻一・四一・四八・五二欠、五〇冊)(樗園叢書二〇二)・宮書(葵・篝火・紅梅欠、夢浮橋慶長一九後陽成天皇写五一冊)(紅葉賀欠、筆者目録・紙色目録を付す、五五冊)(絵合欠、霊元天皇等写、筆者目録を付す、五四冊)(江戸時代写五四冊)(蓬生欠、室町時代写五三冊)(初音首欠、正徹本、源氏系図を付す、五五冊)(青表紙本、伝飛鳥井雅俊写五四冊)(九条道前等写、表紙色目目録を付す、四一冊)(河内本、江戸中期写五四冊)(室町時代写五四冊)(良純法親王写五五冊)(御法・幻・匂宮・竹河、江戸時代写四冊)(東屋、伝二条為定写一冊)(東屋首尾欠、伝二条為氏写一冊)(蓬生断簡、三条西実枝写一冊)(空蟬、一冊)(「蜻庵筆源氏物語桐壺抜書」、応胤法親王写一軸)(三条西実隆写五四冊)・宮書伏見(青表紙本、後陽成天皇等寄合書、五四冊)・東山御文庫(鎌倉時代写五四冊)(「七毫源氏」、河内本、後醍醐天皇・二条為明・足利尊氏等七人写四四帖)・東博(五四冊)・大阪市大新村(伝幸仁親王等写五四冊)・香川大神原(藤袴・真木柱・藤裏葉、宗周以春写三冊)・学習院(桐壺欠、青表紙本、天正・慶長頃写一九冊)(帚木、鎌倉時代写三軸)(藤袴、伝二条為氏写一冊)・学習院三条西(若紫、一冊)(須磨、一冊)(明石、一冊)・九大(三冊)・京女大(紅葉賀、青表紙本、一冊)・京大(小堀宗甫・昌琢等写三八巻四〇冊)(朱校入、五四冊)(慶安五奥書、甘露寺親長・木幡雅冬・宗椿・頼実・松井宗吟等写五四巻一五冊)(東屋欠、五三冊)(東大蔵正嘉二鈔本写一冊)(零本一冊を含む、五四冊)(残欠、一冊)(花宴・葵欠、享禄四写五二冊)(巻一―三欠、二二冊)(薄雲、一冊)(五四冊本二部)(五四巻三冊)(二部)・京大谷村(室町時代写五六巻五六冊)・教大(桐壺・宿木・蜻蛉、一冊)(胡蝶・宿木欠、古写五三冊)・国学院(正親町公通写五四冊)(須磨、天正元写一冊)・実践(五三冊)(四〇冊)(三三冊)・早大(三条西実枝写五四冊)(二一冊)・東大(正嘉二鈔本写一冊)(帚木、足代弘訓校書入、一冊)(常夏・篝火・野分・行幸・藤袴・真木柱、一冊)(夕顔・梅枝・鈴虫・紅梅欠、五〇冊)(混合本、室町中期写五四冊)(四部)・東大史料(総角・早蕨、一冊)(御法、押小路本、一冊)(若菜上、押小路本、一冊)(一部)・東北大(良純法親王等写二〇冊)(若菜上抜書、茶博士速水宗達稿本並速水家雑纂一一九)(摸本、一冊)(光源氏物語系図を付す、五五冊)・東北大狩野(五四冊)・日大(源語秘訣を付す、五五冊)・広島大(五四冊)(五三冊)(河内本、正嘉二奥書、一〇冊)(一〇冊)(藤袴、一冊)(一冊)・名大岡屋(一―三七、一〇冊)(浮舟欠、五九冊)・名大皇学(桐壺、一冊)・竜谷(大永七写一〇冊)(五四冊)(五三冊)(慶長三写一九冊)・鳳鳴青山(青表紙本、五四冊)・葵(九冊)・大阪府(慶安三写二〇冊)(山路の露を付す、五五冊)・金沢文庫(正嘉二鈔本写五四巻二三冊)・京都府(須磨欠、伝烏丸光宣写五三冊)(手習欠、青表紙本、烏丸光広写五四冊)(五四冊)・高知(五五冊)(一五冊)・宮城(桐壺、一冊)・山口(別本、天文一五写本転写九冊)・岩瀬(関屋、一冊)(一条兼良の注釈を含む、五六冊)・金沢市藤本(安田竜山写一冊)・島原(慶長七写五四冊)・蓬左(尾張徳川家本、正嘉二北条実時奥書、鎌倉時代写五四巻二三冊、重文)(松風、伝鎌倉時代越部局写一冊)(竹河、伝藤原為家写一冊)(総角、伝源頼政写一冊)(浮舟、伝藤原為家写一冊)(里村紹巴等写、系図を付す、五四巻五五冊)(青表紙本、伝伏見宮貞敦親王等写五四巻五六冊)(江戸時代写五四冊)・米沢(室町時代写五四冊)(青表紙本、江戸時代写五四冊)・米沢興譲(古写五四冊)(江戸初期写五四冊)・石山寺(末摘花、伝土佐光起写一冊)・果園(嵯峨本写五四冊)・北野(五五冊)・鎌倉高徳院(若紫抄、後花園天皇写、重美)・彰考(総角・蜻蛉、二冊)・神宮(桐壺・帚木、嘉永四写一冊)(桐壺、一冊)(花宴、一冊)(明石、一冊)(松風、一冊)・鈴鹿(浮舟残簡、一冊、重美)(若菜上欠、五四冊)・尊経(花散里・柏木、青表紙本、藤原定家写二帖、重文)(桐壺・鈴虫・御法・紅梅・橋姫以上河内本、蓬生・松風・朝顔・常夏・篝火・真木柱・匂宮以上青表紙本、伝藤原為家写一二冊)(椎本、青表紙本、伝二条為氏写一冊)(伝後花園院勾当内侍等写五四冊)(総角・東屋・浮舟・蜻蛉・手習・夢浮橋、河内本、伝津守国冬・慈寛写六冊)(若菜欠、別本、山科言継写、系図を付す、五四巻五三冊)(中山篤親等写五四巻五四冊)(帚木・若紫・東屋・手習欠、五〇冊)(烏丸光宣等写五四冊)・大覚寺(八冊欠、青表紙本、松風冷泉為村補写、夢浮橋伝三条西実隆写、四六冊)・大東急(天正九写五四冊)(江戸初期写五四冊)・竹柏(青表紙本、四冊)(河内本、二冊)・天理(室町末期写五四冊)(篝火・野分以上河内本、花散里・薄雲・行幸・夢浮橋以上青表紙本、六冊)(須磨、伝大炊御門経名写一冊)(常夏、青表紙本、伝二条為明写一冊)(花宴、江戸時代三条西家証本写一冊)(空蟬・末摘花・紅葉賀・葵、青表紙本、伝堯憲写四冊)(青表紙本、伝周桂写五四冊)(桐壺・関屋・若菜上―橋姫欠、青表紙本、室町末期写四〇冊)(末摘花・藤袴・宿木・東屋・浮舟欠、青表紙本、天正七奥書、空蟬・野分・梅枝・藤裏葉四冊江戸時代補写、四八冊)(青表紙本、三条西家本、江戸初期写五四冊)(花散里・柏木欠、鎌倉末期写、賢木・蜻蛉・手習三冊鎌倉時代補写、四九冊)(初音欠、河内本、室町末期写、桐壺・椎本補写、五三冊)(帚木・末摘花・賢木・螢・若菜上・下・総角・宿木・東屋・手習欠、別本、天文一五麦生鑑綱写四四冊)(青表紙本、伝飛鳥井雅康等写、空蟬補写、五四冊)(二一冊欠、青表紙本、室町末期写三三冊)(平賢兼・藤原護道写五四巻三〇冊)(青表紙本、延宝三政雄写五四冊)(紅葉賀・絵合、河内本、室町中期写二冊)(帚木・初音、青表紙本、山崎宗鑑写一冊)(混合本、伝津守国冬等写五四冊)(青表紙本、伝牡丹花肖柏写五四冊)(桐壺・朝顔・行幸欠、青表紙本、江戸初期写五一冊)(河内本、蓬生・松風等青表紙本、伝近衛政家写五四冊)(青表紙本、江戸初期写五四冊)(青表紙本、伝近衛尚通写五四冊)(薄雲・朝顔、別本、耕雲本、伝二条為氏写二冊、重美)(阿里莫神社本、元禄五高坂松陰写、雲隠六帖を付す、六〇冊)(朝顔、伝津守国冬写一冊)(東屋、青表紙本、伝二条為氏写一冊)(浮舟、河内本、伝二条為冬写一冊)(薄雲、別本、伝津守国冬写一冊)(梅枝、河内本、文明一一甘露寺親長写一軸)(絵合、河内本、室町末期宣蔵写一冊)(乙女、別本、伝二条院讃岐写一冊、重美)(蜻蛉、別本、二条為明写一冊)(柏木、別本、伝源頼政写)(雲隠および附巻、江戸初期写二冊)(末摘花、青表紙本、伝冷泉為相写一冊、重美)(鈴虫、河内本、伝藤原俊成写一軸、重美)(野分、青表紙本、伝二条為藤写一冊)(野分、青表紙本、伝藤原定家写一冊)(花散里、青表紙本、伝二条為明写一冊)(帚木、別本、道澄所持本、室町末期写一冊)(帚木、青表紙本、伝藤原為家写一冊、重美)(藤袴、青表紙本、伝慈鎮写一冊)(真木柱、別本、鎌倉時代写一冊)(宿木残簡、別本、西行写一冊)(夕霧、河内本、梶井宮御文庫本、鎌倉末期写一冊)(蓬生、河内本、伝藤原為家・冷泉為相写二軸、重美)・桃園(宿木、青表紙本、伝二条為氏写一冊)(桐壺・帚木・花宴・花散里・若菜上・下・柏木・橋姫・浮舟、青表紙本、伝明融写九冊)・鳳来寺(桐壺・空蟬・花宴・賢木・澪標・蛍欠、河内本、伝冷泉為相・二条為世写四八冊、大正三焼損)・穂久邇(青表紙本、桐壺補写、鎌倉時代写五四冊)(室町時代写五冊)(慶長以前写四七冊)(江戸初期写二六冊)(江戸初期写一三冊)(江戸初期写三〇冊)(江戸初期写五三冊)(宝永五三条西家証本写五四冊)・曼殊院(蓬生・関屋・薄雲、河内本、耕雲山人奥書、三冊、重文)(橋姫、伝伏見天皇写一冊)・無窮神習(末摘花・紅葉賀・花宴・葵・賢木・花散里・須磨・明石、加藤千蔭書入、三冊)(初音、元禄一七写一冊)・祐徳(四冊)・陽明(混合本、伝後深草天皇等写五四冊、重文)(青表紙本、後柏原天皇等写五四冊)(正保年間近衛尚嗣写三一冊)(桐壺、一冊)(紅葉賀、一冊)(花宴、一冊)(花散里、一冊)(五四冊)・竜門(青表紙本、伝宗珀等写五四冊)・旧浅野(五六冊)・旧下郷(一冊)・大沢家(混合本、伝藤原家隆等写五四冊)・勧修寺家(二六冊)(三冊)・高松宮(混合本、耕雲本、伏見宮邦高親王等写五四冊)・水谷川家(桐壺、一冊)(二〇冊)・阿部市太郎(幻、河内本、重美)・安藤鉦司(早蕨、藤原定家写一冊、重文)・飯島春敬(空蟬、別本、鎌倉末期写一冊)・遠藤武(葵残簡、片仮名注・書入及裏書、重美)・大島雅太郎(八冊欠、青表紙本、室町中期写四六冊)(竹河、別本、伝西行写一冊、重美)(別筆の若菜上・下・総角・東屋・夢浮橋以上青表紙本、他は耕雲本、冷泉為清写五四冊)・小汀利得(青表紙本、関屋文明一三飛鳥井雅康写奥書、五三冊、重文)(河内本、南北朝時代までに写五四冊)(花宴、青表紙本、伝耕雲写一冊、重美)(藤裏葉、伝藤原為家写一冊、重美)(夕霧、河内本、藤原為家写二軸、重美)(柏木、河内本、伝二条為氏写一軸、重美)(鈴虫、青表紙本、伝二条為氏写一冊、重美)(松風、青表紙本、伝二条為氏写一冊)(紅葉賀、別本、伝二条為氏写一軸、重美)(松風、河内本、伝冷泉為相写一冊、重美)・桂孤村(明石河内本、他は青表紙本、近衛信尹等写五四冊)(室町末期写五四冊)・金子元臣(三条西家証本写五四冊)(夕顔、青表紙本、伝二条為明写一冊)(耕雲本、一三冊は青表紙本による補写、永正一七和気親就等写五四冊)(青表紙本、周桂写五四冊)(紹巴本、室町末期写五四冊)(正徹本、室町末期写五四冊、焼失)・諏訪忠栄・関戸有彦(行幸残簡、一冊、重美)・竹本泰一(桐壺元応二写、夢浮橋慶長一九後陽成天皇跋、五一冊、重文)・永藤一(総角・東屋、重美)・中山輔親(若紫・絵合・行幸・柏木・鈴虫・総角残簡、六冊、重文)・七海兵吉(葵、書入、裏書付き、一冊、重美)・野村八良(花山天皇写、系図を付す)・長谷場純(真木柱、別本、伝冷泉為相写)・平瀬陸(鎌倉末期頃写、内三冊勧修寺尚顕補写、五三冊、重文)・紅粉英雄(宿木、古写本、重美)・保阪潤治(鎌倉中期写五三冊、重文)・牧田清之助(桐壺、嘉禎二藤原為経奥書、一冊、重美)・松田武夫(一〇冊欠、篝火・早蕨は河内本、他は青表紙本、明融・伏見宮邦高親王等写四四冊)・松田福一郎(正和四頃写四九冊、重美)・横山重(帚木・朝顔・藤袴・幻・手習欠、青表紙本、橋姫・椎本・総角は別本、鎌倉中期写四九冊)・吉田幸一(混合本、鎌倉中期写五四冊)・渡部栄(青表紙本、伝中山宣親写五四冊)

〔版〕慶長古活字版(伝嵯峨本)―内閣・東洋岩崎(桐壺・帚木・空蟬・若紫補写)・京大・東大・高木・天理(角倉本)・竜門(蓬生・椎本欠、若紫・明石・澪標・柏木・宿木・東屋補写)・旧安田・大島雅太郎・金子元臣(有欠、五〇冊)・横山重

元和九古活字版―東洋岩崎・高木(少女、一冊)・天理(帚木整版本)・竜門(桐壺・藤裏葉・若菜上・下欠)・旧安田・金子元臣・野村八良・横山重

寛永古活字版―内閣・尊経・大東急・竜門(桐壺・藤裏葉・若菜上・下、四冊)・旧安田

古活字版(刊年不明)―京大(桐壺―花散里・関屋・初音・篝火・梅枝・横笛・御法・幻・紅梅・蜻蛉欠)・東大

慶安三版(絵入、山本春正編、目案三冊・系図一冊・山路の露一冊・引歌一冊を付す、六〇冊)―国会・京大・東大(五九冊)・東北大(富塚隆義書入、五七冊)・葵(五四冊)・京都府(五四冊)・神宮(五七冊)

承応三版(慶安三版の再版)―国会(三二冊)・内閣・宮書・大阪市大森(五八冊)・大谷(五九冊)・九大・教大(斎藤彦麿書入、四六冊)(栗田真管書入、二二冊)・東北大・宮城・神宮・陽明(五九冊)・旧浅野(五六冊)

万治三版(山本春正編、六〇巻三〇冊)―国会・静嘉・京女大・京大・早大・東大(二六冊)

寛文六版(系図一巻・爪印三巻・源氏小鏡三巻・源氏引歌一巻共六二巻三三冊)―東大(二五冊)・茶図成簣(須磨、一冊)・陽明

寛延二版(吉田善五郎編)―国会(二八冊)

刊年不明―国会(五四冊)・内閣(校正本、若紫・須磨・明石欠、五一冊)・東洋岩崎(系図・引歌・目案共六〇冊)(絵入、六〇冊)・宮書(有欠、四二冊)(柏木・横笛・鈴虫、三冊)・大谷(零本、一冊)・岡山大池田(六〇冊)(三〇冊)・学習院(三〇冊)・関大(五四冊)・九大(六〇冊)(三〇冊)(一〇冊)・京大(有欠、三一巻三五冊)(有欠、四四冊)(山路の露及び系図一冊・引歌一冊・爪印三冊共三〇冊、江戸初期版)(雲隠・巣守、二巻一冊)(雲雀・八橋、二巻一冊)・駒沢(山路の露・系図・爪印・引歌共三〇冊)(目録共五六冊)(藤袴欠、五九冊)(花宴欠、絵入、系図共五五冊)(一冊)(山本春正編、六〇冊)(絵入、五四冊)・東大史料(五三冊)・東北大狩野(付録共三〇冊)・広島大(三〇冊)・名大皇学(山本春正編、五四冊)・秋田(絵入、六〇冊)・大阪府(賢木欠、目録・系図共五六冊)(五四冊)・刈谷(五六冊)・島原(五四冊)・豊橋(表向・系図・雲隠説・年立共六〇冊)・神宮(五四冊)(六〇冊)・尊経(山路の露・系図・引歌・目安共六〇冊)・茶図成簣(三〇冊)・陽明(絵入、五八冊)(五七冊)・旧彰考・旧三井本居

〔活〕いてふ本刊行会・岩波文庫・源氏物語大成校異篇・校註国文叢書一・二・校註日本文学叢書一-三・校註日本文学大系六・七・国文大観一・二・国民文庫・新釈日本文学叢書一-三・新訂校註日本文学大系四-六・日本古典全集一期・日本古典全書・日本古典文学大系・日本文学全書八-一二・万有文庫・有朋堂文庫・校異源氏物語

〔複〕京都帝国大学文科大学叢書五(平瀬本、桐壺・真木柱)・古典影印叢書(三条西家本、桐壺・夕顔・橋姫)・源氏物語(尾州家河内本、尾張徳川黎明会、昭和九)

源氏物語 三〇冊 〔類〕注釈 〔著〕大庭宗分 〔成〕天正一〇 〔写〕天理

源氏物語麻帒 ↓源氏物語麻帒

源氏物語一部抜書 一冊 〔類〕注釈 〔著〕宗祇 〔写〕大阪市大森(宝暦七狐山写)

源氏物語一部連歌可用詞 一冊 ＊群書一覧による

源氏物語逸文考 〔類〕注釈 〔著〕山岡浚明 ＊国学者伝記集成による

源氏物語逸文註解 ↓源氏雲隠抄

源氏物語色葉聞書之事 ↓仙源抄

源氏物語色葉分 一冊 〔類〕語彙 〔写〕宮書(類標四五)・無窮神習

◉×**源氏物語歌** 一冊 〔類〕和歌 〔写〕国会・宮書(先代御便覧三)(享保一八写)(二部)・宮書伏見(貞建親王写)・学習院(離虫居写本の内)・慶大・刈谷・穂久邇(二帖)・陽明(「光源氏物語歌」、明和三写)(一冊)・旧久原(庭田重嗣写)・旧彰考・三条家・仙台伊達家 〔活〕むくら(昭和三二) ↓源氏歌 ↓源氏歌鑑 ↓源氏歌言葉 ↓源氏物語歌集

源氏物語歌合 一冊 〔別〕五十四番歌合 〔類〕歌合 〔写〕宮書(「五十四番歌合」、霊元天皇写)(一冊)・尊経・穂久邇

源氏物語歌合序 〔類〕和歌 〔写〕宮書(八洲文藻四)・彰考(河合社歌合外二種と合一冊)

源氏物語歌之抜書 一冊 〔別〕源氏物語歌抜書 〔類〕和歌 〔写〕宮城伊達・陽明

源氏物語歌寄 〔類〕和歌 〔写〕宮書(待需抄三)

源氏物語打聞 〔別〕さうしうちぎき(外) 〔類〕注釈 〔著〕北村季吟 〔写〕天理(帚木・空蟬・夕顔・若紫・末摘花、自筆、五巻三冊)

源氏物語絵抄 一冊 〔類〕物語・絵画 〔写〕東洋岩崎(彩色)

れた源氏物語なんですよ。江戸時代というのはそういう時代なのです。古典というけれど、江戸以前の古典というものが、一度江戸時代にきちんと見直されて、そしてそれは江戸の三百年という非常に平和な時代があって、江戸独特の文化の成熟というものがあって、その中で初めて古典というものに目がいって、そして古典は大事だということにちゃんと気が付いて、そういうものをきちんと取り留めようとした。それが江戸時代なんですね。ですから、江戸以前に書かれたものは確かに色々あるわけですけれども、それは大半は江戸時代にもう一回ちゃんと写し直されて、そして、それが定着した。そして、それを出版するということも江戸時代になって一般的に行われるようになった。その結果がここにあるようなものになるわけですね。江戸時代というのはそういう時代だと思って頂いていいわけです。『徒然草』なんてのは、中世の古典として有名ですけれども、それが読まれるようになったのはまさに江戸時代です。江戸時代以前に『徒然草』が読まれた形跡はほとんどないといってもよろしいわけですね。さらには、散文小説、そういうものの全部を入れた、『日本小説年表』(山崎麓編「近代日本文学大系」25 昭和四年刊)というのがあります。これが、五百何頁ぐらいのものであって、それに、小説と名の付くものが、源氏以前からずっと幕末までのものが、全部年表のかたちで取り入れられております。それが、五百何頁ですけれども、そのうちの江戸以前は、二十五頁なんです。後の四百頁は全部江戸にできた新しい小説なんです。ですから、散文小説だけ取り上げても、そういう状況になるというのが江戸時代たる所以であるわけですね。ですから、江戸時代をきちんとやれば、日本の古典はほとんどそれで賄えますと。こう言うと江戸以前をやっている方には何だあの馬鹿はと言われるだろうと思いますけれど、しかしまあそのぐらいのものだというふうにお考え頂いても、もちろんそれはそれなりに研究者のきちんとした調査というものはまた別に行われなければいけないということは間違いないんですが。少なくとも、古典の精神ということを考えだしたのは、これはおそらく江戸時代に広まり、また日本の思想にしても、あらゆることが江戸時代にもう一回江戸時代的に編み直され、洗い直され、考え直されて、そして日本の今現在があるというふうにお考え頂ければ、江戸時代というのがどういう意味があるかということは重々お分かり頂けるだろうと思います。ちょっと時間が過ぎてしまいましたけれども、大勢五転のお話だけはなんとか終わることができましたので、第二回目からはどうぞ今日の資料をお忘れなくお持ち頂ければと思います。

第二章

雅(が)と俗(ぞく)と

江戸文化理解の根本理念

前回のまとめ

前回は、明治以後日本の知識人が江戸をどのようにみたかということで、実は大変個人的な考えですけれども、それを大体年号に沿って明治・大正・昭和戦前・昭和戦後・平成と五回ほど変わったんではないか。それを大勢五転というふうに表現させて頂いたわけですが。これはですね、実はかなり大きな問題だと思っております。特に、江戸を研究する側と言いますか、なんとなく江戸が好きで江戸のことならなんでも聞いてみたいというような、そういうことでの江戸理解ということであれば、それはいつの時代でもそう変わったことはないと思いますけれど、ことに江戸を学問的にというとオーバーですけれども、そういうふうに考えてみようという立場に立ちましたときには、やはりこちら側から江戸をどう見るかということは、非常に重要な意味を持ってくると思います。特に、戦後の我々の経験してきた江戸に対する立場というものは、一言でいえば、近代主義的江戸理解と言えるようなものであった。ところが、最近、ようやくそういう所からやっと抜け出すことができたという状況が出来上がってきています。それが平成ですね。その平成の状況というのは、まさに、江戸を江戸に即して眺める。つまり、江戸の全体像を今まではその中の近代に合う部分だけ、近代主義的に評価出来る部分だけを摘まみ上げて評価してきたのが、そうではないところ、むしろ、これまで殆んど鍬入れが成されてこなかった、近代的ではない部分に、何か我々が近代を成熟させるための非常に大きなヒントが色々と隠されているんではないか、そういうものをきちんと見なければいけないというような状況にようやく立ち至ったというのが実情だろうと思っております。そういうふうに、江戸を江戸に即して眺めた時に江戸はどのように見えてくるのか。それが、きょうお話をするテーマになると思います。それを「雅」と「俗」、「雅・俗」という言葉でひっくるめて考えてみるように致します。

江戸に対するスタンスのとり方

もちろん、こういう考え方は、我々の先達の先生方の中で、そういうことをきちんとやらなければいかんとおっしゃって下すっていた方々はいらっしゃるわけですけれども、なかなかそれが大きな流れ、皆が納得するような形では受け入れられて来なかったということがあるだろうと思います。それからまた、もうひとつは「雅・俗」という言葉だけは充分に分かるけれども、具体的に「雅・俗」のどこがどうなのかということに関しては、そこに踏み込むということが研究者の方の世界でもあんまりできていなかったというのが実情でもあるだろうと思っております。そういうわけで今日は、「雅・俗」ということを考えるのが江戸の文化を全体的に、江戸に即して眺めるときに最も大きいキーワードになるであろうということから、その説明をしてみたいと思っております。要するに、自分の立場をどこに置くかということなんですね。そのスタンスと言いますか、物事は自分の立ち位置によって色んなふうに見えてくる。それは当然のことだろうと思います。ですから、例えばこのペットボトルを皆さんが一歩も動かないでそちらからご覧になると、こういう形に見える。ところが、真上から見るとどうなるかというと、こうなるわけです。これは全く形が違う。だから、そういうふうに自分の立ち位置をどこに置くか。それを、平成以前までは、まさに近代という立場からしか見て来なかった。それを、江戸に即して、江戸の全体像を見る。例えば、自分の立ち位置を上において、上から眺める。そうすると、こういうふうに見えるというその違いだと思って下されば、大体納得して頂けるだろうと思っております。要するに、江戸の人間になったつもりで江戸を見るということですよね。そう言うと必ず、御前や俺が江戸の人間になれるはずがない、必ずそういうふうに言われるわけです。それは当たり前のことです。ですから、なれないというのが当然なんで、なれないからこそ、なるように、とにかく一歩でも江戸に近づくように努力をしなければいけない。それが、学問というようなことになるんだろうと思います。そして、どこまで近づいたかというのは、これはもう全くその人によってまるで違ってきます。ですから、例えば私どもにとって神様みたいな中村幸彦先生（元九州大学・関西大学教授、近世文学研究者）という方がおられましたけれども、中村幸彦先生がここまで近づかれたとするならば、われわれはまだこのへんにいるということですが、なんとかそこへ近づくための努力を重ねていく。それが、学問ということになるんだろうと思っております。

江戸の「雅」と「俗」と

それはそれと致しまして、「雅」と「俗」ということをまずは根本的にお話をしてみたいと思います。そのために、先週お配りしました資料の中で、こういう変な図形**【資料3】**がありますけれども、これをちょっとお出し頂ければと思います。三段になっておりますが、手っ取り早く申しますと、一段目は、従来の江戸の理解。そうすると一番のような図形になる。私の言う、江戸を江戸に即して眺めた時には、二番のような形になるんではないか。そして、江戸を江戸に即して眺めた二番のような形の中身を、もう少し具体的に詳しく見るということになると、三番のような図形が必要になってくる。大雑把なところではそういうふうにご理解頂けばよろしいかと思います。

一番ですが、江戸時代というのは大変考えやすくできておりまして、十七世紀、十八世紀、十九世紀と、ちょうど三世紀に渡るわけです。そして、江戸時代の年号を色々申しましても、例えば、元禄と宝永という年号がありますと、どっちが先なのか後なのかということはいちいち年表

資料3

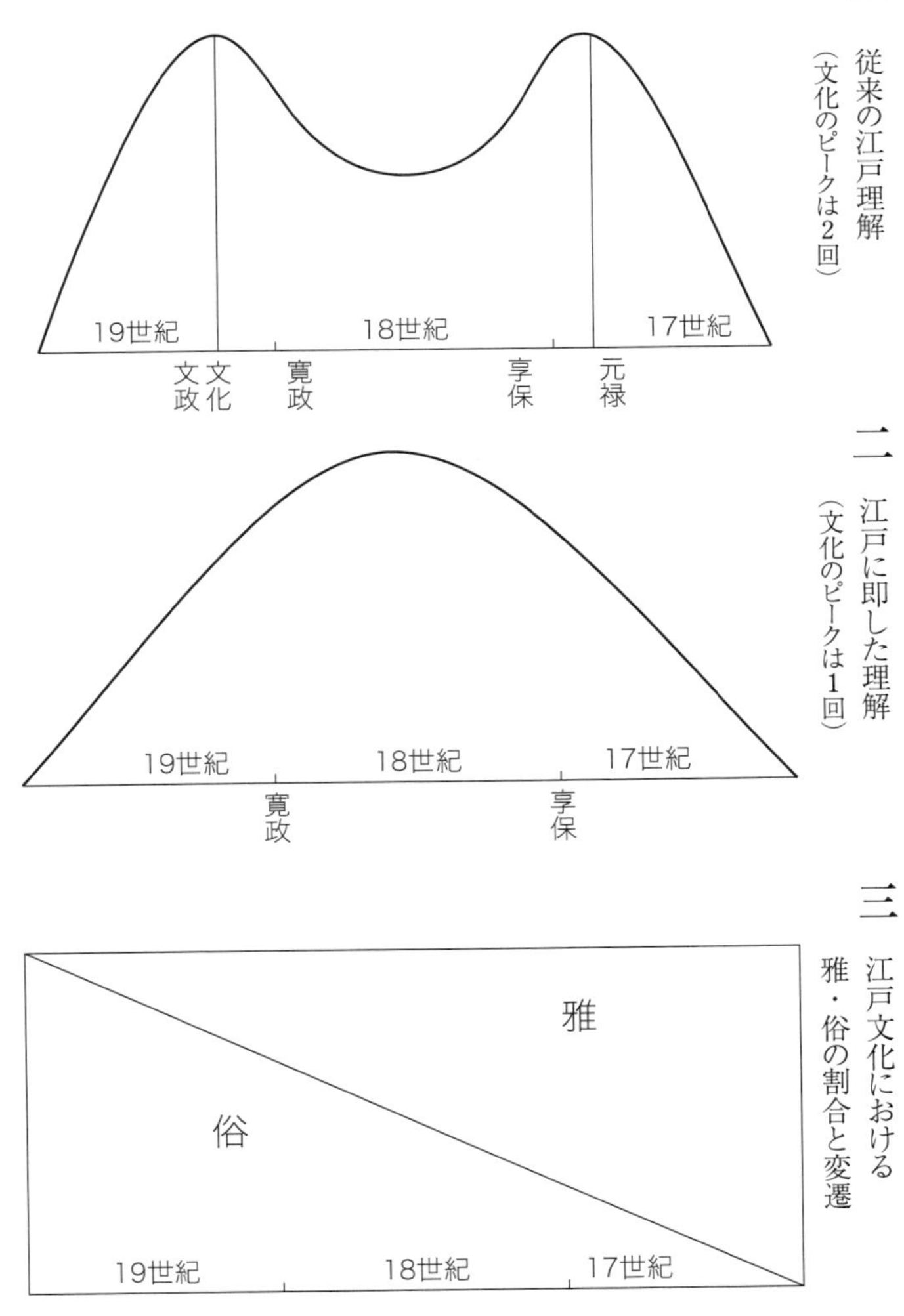
一　従来の江戸理解（文化のピークは2回）
19世紀
18世紀
17世紀
文政
文化
寛政
享保
元禄
二　江戸に即した理解（文化のピークは1回）
19世紀
18世紀
17世紀
寛政
享保
三　江戸文化における雅・俗の割合と変遷
雅
俗
19世紀
18世紀
17世紀

を見ないとご理解頂けない。ですから、そういうことではなくて、もっと簡単に、世紀で摑んで頂ければよろしいかと思います。十七世紀というのが、いわば江戸の前期。十八世紀が江戸の中期。十九世紀が江戸の後期。そういうことですね。そして、その時にやはり年号がある程度はどうしても出て参りますので、年号でちょっと申しますと、いわゆる、江戸時代には三大改革というようなことが言われました。享保の改革、寛政の改革、天保の改革。そういう改革政治が三回行われて、その度に江戸の全体像が少しずつ変わっていってるわけですけれども、その三大改革のうちの前の二つ、つまり、享保の改革と寛政の改革。これがですね、ちょうど今の世紀の変わり目にある程度連動するといいますか、重なってくる年号ですので、享保というのは若干十八世紀に入りかけたところです。それから、寛政の改革というのは、寛政が終わった時点がちょうど十八世紀から十九世紀に移る、まさにそのぴったりのところが寛政の最後。寛政の次が享和という年号になりますが、享和元年というのがまさに十九世紀がそこから始まるというぴったりのところです。ですから、十七世紀、十八世紀、十九世紀でも良いですけれども、あるいは、江戸前期、中期、後期でも良いんですが、それにさらに今の享保の改革と寛政の改革を加えまして、享保の改革以前、享保の改革から寛政の改革まで、寛政の改革以後、それを、江戸の前期、中期、後期というふうに考えれば、かなり江戸に即して江戸の全体像を眺める時の良い目安になるだろうと思います。つまり、江戸に即して江戸を考えると言いながら、十七世紀、十八世紀、十九世紀では、それは即していないじゃないかと言われるおそれがありますので、そうではなくて、享保以前、これが江戸前期。享保から寛政まで、これを江戸中期。そして、寛政以後、それを江戸後期。そういうふうに考えると、ちょうど西洋風に考えても、十七世紀、十八世紀、十九世紀に殆んど重なってくる。大変分かり易いだろうと思います。ですから、今の享保の改革と寛政の改革というところは、押さえておいて頂きたい。

そして、さらに言えばですね、江戸の文化ということを申します時に、これまでもう必ず何にでも出てきました元禄文化というのと、それから、文化文政を一緒にしまして化政文化、元禄文化と化政文化。この二つがですね、これまでは江戸のピークというようなかたちで、必ず説明されてきた。これはおそらく皆さん方もお習いになった、そういう江戸の文化の解説というようなものをちょっと思い出して頂ければ、すぐお分かりかと思いますが、要するに、元禄文化、それから化政期の文化、これを江戸文化のふたつのピークとして考えるというのがごく当たり前に言われておりました。我々も学生の時からずっとそういうふうに習って、そしてその通りに考えなきゃいかんのだというふうに頭の中へ植え付けられてしまっていた。それを、図形にしますと一番のようになるということです。元禄というのは享保よりちょっと前、元禄十三年ぐらいがちょうど十七世紀から十八世紀の移り目ぐらいになると思いますが、それから文化文政というのは寛政よりちょっと後で、十九世紀にちょっと入ったぐらいのところです。そういう元禄文化や化政文化というのがキーワードとして最も有効だと思われていたこれまでは、まさに江戸をちょうど真ん中で割って、江戸前期と江戸後期。そして、江戸の前期はいわゆる上方が文化の中心地である。京都、大阪といった、これはまあ江戸以前からずっと文化の中心地であったわけですから、江戸前期まではまだそれが残って、上方が中心地であった。それから、その後やがて江戸の後期に入って、だんだん文化の中心が上方から江戸、江戸というのは今の東京ですね、東京の方へ文化の中心地が移ってくる。そして、その江戸を中心とした文化のピークがまさに文化文政、化政期の文化である。そういうふうに説明されてきたと思います。これはおそらく、皆さん方の頭の中に大体植え付けられてきた、そういう考え方であるだろうと思います。じゃあ、ちょうど中間の十八世紀は何になるかというと、それを「文運東漸（ぶんうんとうぜん）」という言葉で申しまして、「文運」というのは、文化の運命や運勢が東の方へ、「漸」というのはだんだんに移って行くという意味で、「文運東漸」の時代、あるいは「文運東遷」、「遷」もやはり移るという意味ですね。そういうふうな説明でその真ん中のところは言われたというのが、これまでの江戸全体の把握の仕方であったわけですね。

近代主義的な江戸の見方

僕は、それこそがまさに近代主義的見方だったというふうに言わざるを得ないだろうと思っておりますけれども、それがなぜ近代主義で見ればそうなるかということは、これから追々お話申し上げます。いずれにしましても、その元禄をピークとし、それから文化文政をピークとする。そうなりますと、そこをピークとするためには、当然のことながら真ん中は谷底でなければいけないわけですね。ですから、ちょうど「文運東漸」期、要するに移って行く時代なので、その時代にはほとんど文化的に何も見るべきものはないというふうに言われていたのが、大体これまでの理解の根底にあったと思います。そして、元禄文化という時に、どんな人をそこで挙げるか、まさに西鶴、近松、芭蕉。これが元禄文化のピークを示す存在である。文学に偏った立場で申し上げておりますけれども、その方が分かり易いと思いますので、他にも色々いらっしゃるわけですけれども一応そういう風に言っておきます。それから、文化文政期。これは、まさに馬琴であり、あるいは京伝であり、あるいは三馬であり、あるいは春水であり、種彦であり、そういうこれまでの江戸文学というときに大変馴染みの深いといいますか、そういう名前がそこにずらっと並ぶ。元禄の西鶴、近松、芭蕉。文化文政期の京伝、三馬、馬琴、一九、そういう人たちの名前が出て、それをもってピークだというふうに言っていたわけですね。それが、私の方から見ますと、近代主義的にみると確かにそうなるだろうということになるんですが、近代主義的にというのは、ここへ挙げました人名は大体どれをとりましても皆いわゆる庶民、まあ芭蕉と近松はちょっと違うかとは思いますけれども。しかし、それにしましても大体が皆いわゆる庶民の文化の担い手であるということですね。そういう庶民層の文化というものに特に注目して、そういうものを特に評価していくと、まさに一番のような図形にならざるを得ない。その時、十八世紀というのは、要するに谷底の時代であるというふうに考えられてきたわけです。それは、十八世紀に、これまで誰もそういうところを取り上げていないものですから、誰も知らない。確かに、そんなにいないんじゃないか。そういうことで、それが谷底であるということも何となく納得させられてしまうというようなことであったろうと思います。それはですね、逆に言えば、西鶴、近松、芭蕉、それは確かに大きな存在ですけれども、じゃあそれ以外に誰がいるのかというと、ほとんど出て来ないんですよね。それから、三馬、京伝、馬琴、一九、それはいいとしても、それ以外に誰がいるのかというと、これまたほとんど名前が出て来ない。ということはつまり、そういう人たちは一つの突出した形で、確かにある時期になにがしかの突出した形で出てきたということは言えますけれども、それをもってですねその時代の文化的な成熟といいますか、そういうものが本当に果たされていたのかということになりますと、ちょっと眉つばだというふうに考えざるを得ないわけです。つまり、確かに西鶴、近松、芭蕉は素晴らしい。それはよく分かります。しかし、それだけでその時代の文化というものを説明してそれで済むのかということになりますと、ちょっと問題があるのではないかというようなことに、私自身はなんとなく違和感は持っておりましたのですけれども、とにかく江戸といえばそういうふうに考えるのが当たり前であって、それ以外はないんだと頭ごなしに言われますとですね、若い学生の時なんかはそれに反論するなんていうことはとてもできませんで、とにかくその図式に従ってものを考えて行けば、危なげのないことになるのだろうというような、そういうつもりについついなってしまう。今日から考えればそういうふうに思わざるを得ないわけです。

スタンスを変えてみる

こういう一番のようなかたちをですね、私は「二瘤らくだ型」と、まあ何でもいいんですけれども、「二瘤らくだ」というような言葉で言っておりますが、要するに、江戸時代には前期と後期に大きなピークがある。中期が谷底だという、そういう理解がごく当たり前に行われてきたということですね。そして、それは確かに近代の側から眺めればそうなるだろう。とにかく、江戸というものをこちら側からだけ、要するに近代側からだけ眺めると、こういう二瘤らくだ型になってくるというのは、それも当然であったろう。ですから、一番のような形が間違っているとは、僕は申し上げているわけではないんです。要するに、近代の側にスタンスを置けば、つまり近代主義的に見ればこう見えてくると。それをですね、ちょっと自分で動いてみる。少しでも江戸の方へ自分の方から動いてみるということですね。一番の方は、自分は絶対動かない近代側。これまで近代というのは絶対にプラスの評価しか与えられていなかったんですから、近代から動く必要はない。要するに、近代の方からただ過去を眺めて、そして江戸であろうと室町であろうと、あるいは中世や平安朝。なんにしても、その近代の方から眺めて、そして評価できる部分だけを評価して摘み上げていく。これを前回私は、ルーペとピンセットで虱潰しに摘み上げた結果がそうなったというふうに申しましたけれども、まさにそういうかたちで見ると一番のようになる。これはその通りだったと思います。そして、それを二番のような形に変えるということは、要するに、そういう姿勢を少し江戸寄りに修正してみる。あるいは、自分の方から江戸に出かけていって、そして江戸の人と直接お話しをするような、そういうつもりで江戸を眺めるとこれが二番のようになって見えてくるというのが、まあ私はここのところもう三十年近くこういう話ばっかりしているんですけれども、さっぱり私の説はどうも浸透しないみたいで、いかに自分が卑少な存在であるかということを常に思い知らされているわけですけれども、でも最近はやっと理解されて来たんではなかろうかと思っております。

江戸に即して江戸を眺める

そういうつもりで、二番を少し元気を取り戻して、説明をしてみますと、なぜこのように見えてくるのかと。それはですね、私は江戸時代というものを江戸に即して考える。特に、文化的な面から江戸に即して江戸を考えてみる。文化というのはですね、これは要するに人間がつくり出すものです。だから、人間にすべて準えて考えることもそれほど間違いではなかろうと思いいます。まあ猿の世界にも猿の文化がある。蜂にも蟻にも文化があると言ってしまえば、それはそうかもしれませんが、しかし少なくとも今我々が普通に考える文化というものは、人間がつくり出すものということですよね。ですから、江戸時代というのを、要するに三百年生きた一人の人間、まあ江戸という人というふうに考えてみます。しかも江戸時代は幸いなことに戦争も何もない。そうすると、人間は生まれて、そして青年期を過ぎて、そして中年、そして老年、で死ぬと。そういう自然なサイクルがあるのは当たり前のことですね。そういう一人の三百年平和に生きた江戸という人を考えた時に、この三百年というのがちょうどまた考えやすい年数でありまして、百年、百年、百年。その最初の百年を、江戸の青年期。真ん中の百年を、江戸の壮年期。そして、最後の百年を、江戸の老年期。そういうふうに準えて、江戸の文化というものを考えますと、青年期というのはもちろんこれからどんどんと成長していく。江戸の成長期に当たるわけですね。ですから、この図でいきますと左肩上がりでずっとその上がって行く。成長期は、これはもちろん、まあ僕なんかがまさにそうですけれども、もう間もなくいなくなるという、そういう時代になります。壮年期というのは、これは普通人間の一生を考えた時に、その人が最もその人らしく成熟した時期というのは、壮年期を当てるというのが当たり前だろうと思います。

例外はいっぱいあるとは思いますけれども、青年期に大変な天才と言われて、もの凄く輝いて、そして壮年期以後はごく普通の人になってしまったという、青年期に一番のピークがあったという人ももちろんあるかもしれませんし、あるいは、老年期に宝くじかなんかが当たって、やたらと元気になったというおじいさんもいるかもしれませんけれども、ごく普通に考えて、まあ大体人間の一生でその人の最も成熟した時期を挙げるとすれば壮年期に当たるというのは、ごく当たり前の考えだろうと思いますね。これは、文化のことを考えているわけですから、文化を人間の一生に準えてみれば当然そうなるだろう。

ところが、これまでの一番のような図形で見ますと、要するに三百年生きた江戸という人は、青年期と老年期にピークがあって、一番の成熟期であるはずの壮年期は谷底だったという、そういう図形で我々江戸をこれまで考えてきていたということになるわけです。これは、やっぱりどう考えてみてもちょっと無理なんじゃないか、おかしいんじゃないかというふうに僕は考えます。そして、その壮年期をピークにする。そうすると二番のような形が当然の形として考えられる、これを僕は「富士山型」、あるいは「一瘤らくだ型」でも良いんですけれども、そういう形でかんがえてみようということになるわけですね。文化というのは、やはりそういうふうにひとつの社会体制の中で、その社会体制に即した文化が生まれて育って、成熟して、その社会体制が無くなると同時にそれは無くなっていく。そういうふうに考えるのが自然だと思うんです。文化の流れに単純な進化論を当てはめてみても、これは仕様がない。それを文化に当てはめられないことはこれはもう理の当然と言いますか、当たり前のことですね。それこそ、ギリシャ文化を考えてみてもそうですし、中国の文明を考えてもそうですし、どこの文明を考えても、やはりあるひとつの社会体制の中で、ひとつの平和な時代が結構長く続いた時に、初めてその社会体制に即した文化というものが生まれ、育ち、そして亡くなる。もう既に亡くなった文化はいくらでもあるわけですね。そして、さらにその次の社会体制ができ、その社会体制に則してまたその社会体制に応じた新しい文化が生まれ、育ち、そして亡くなる。当然そういう波があるのは当たり前だろうと思います。そして、僕はよく分かりませんが、一番のピークのところっていうのは、大体どの時代も同じレベルなんじゃないのかなというふうにも考えるんですけれども。決して近代に近づくほどそのピークが高くなるということは、おそらくあり得ないだろう。むしろ逆にですね、過去の方が遥かに高かったという例だっていくらでもみることができる。一番極端なのは、書道みたいなものですね。今でも、王羲之、王献之、そういう遥かな千数百年前の人がそれが最高だということになっているわけです。それ以後、どんどん書の文化というのは、退化してきているとう考えられても当然だということになるんだと思います。ですから、やはり文化というのはその時代の体制に応じたものが、ある程度の平和な時代というのが少なくとも三百年ぐらいは続かないと、ひとつの社会体制に応じた文化というのは、成熟するというところまではなかなかいかないと思います。そういう点で江戸は、大変珍しく三百年間本当に何の戦火に合うこともなく、文化を熟成させ続けることができた。ですから、そういう文化が、江戸の前期には青年期。そして、江戸の中期に壮年期。そして、江戸の後期には老年期という時代を迎えて大体ひとつの文化が終末を迎える。この終末を迎えた文化はですね、これはもうそれを取り戻そうとしても無理だと思います。それは、やはり社会体制そのものがまた再び江戸の社会体制に返るんであれば、もう一回それを取り戻すことは当然できるだろうと思いますけれど、社会体制そのものが違いますと、これはもう文化の質といいますか、中身がもう全く違ったものになるはずですので、それは、現代の我々が江戸の文化を再びというようなことをいくら考えてみても、それは無理だろうと思います。そんなことよりはやっぱり、今の社会体制の中で我々の文化を本当に成熟させる。そしてその成熟のレベルが江戸と大体並ぶぐらいのところまでいけば、それは本当に儲けもの。儲けものというか、それこそ我々が本当に一生懸命成熟させたその証ということになるだろうと思いますね。

ですから、近代主義というのはどうもそういうところがおかしくって、なんか江戸はずっと文化的には低いところ。それが、幕末にようやく江戸の文化が近代に近づいてきたというようなそういう説明が、我々の学生のときには至るところで、研究論文なんかでも見られたわけです。例えば、人情本なんていう小説がありますけれども、その人情本で庶民の社会が非常にこうリアルに描写されます。すると、やっと人情本の出現によって、江戸の小説はようやく近代小説の域まで高まってきたというような、そういう説明がやたらとあったことをなんとなく思い出しますけれども、僕はとんでもない間違いだろうと思っております。実は、近代の小説なんていうのは、おそらくまだ江戸の小説のところまで到達してないと思った方がむしろ良いんじゃないか。やっと最近になって、江戸に近づくことができたというぐらいの説明ができるように早くしたいものだと思っておりますけれども、そこいらはまた別の問題も出てくるだろうと思います。

そういうわけで、江戸というのはこの二番の例のように、要するに十七世紀が青年期。十八世紀が成熟期。そして、十九世紀が老年期というふうに全体の形を考えるというのが一番理屈に合ったと申しますか、あるいは、一番素直な江戸の見方ではなかろうか。それを、なぜかこれまで青年期と老年期にピークがあって、一番の成熟期であるはずの十八世紀は谷底であったというようなそういう無理な見方をあえてしてきた。それはまさに、近代主義的に江戸を見るから、近代の方から眺めて、西鶴のリアリズム、近松のヒューマニズム、あるいは京伝、三馬、馬琴、一九などの庶民性、そういったものを、近代主義的な評価基準に当てはめて江戸を見ていくと、まさに一番のような形になって来ざるを得なかった。たぶんそういうことだと思いますね。そして、本当に近代というのは、そんなに立派な文化を育てることができてたのかというようなことにクエスチョンが付き始めたときに、ようやく、じゃあもう一回江戸を江戸のそのままの姿で見直してみよう。そういう気運にようやく立ち至ってきた。江戸を江戸に則して眺めるというときに、ごく素直に江戸を眺めてみれば、二のようになるんじゃありませんかというのが、僕の主張でもあるわけです。そして、ただこの二のようになりますよというふうなことをいくら僕が言ってみましても、まだおそらく本当かなと思っておられる方が大半であるだろうと思いますので、その本当である理由をこれからもうちょっとお話をしてみたいと思います。

「雅」・「俗」の内容と評価

三番のような図形（51頁参照）、これはまあ江戸の文化というものを総体でこういう形でコンパクトに考えてみる。十七世紀、十八世紀、十九世紀、そしてそこへ真ん中へ斜線が一本入っております。これは決しておろそかに考えて頂いては困ります。これは我ながら、よくまあこういう斜線を考えついたものだと思うぐらいに素晴らしい斜線になっているわけではありますが（笑）。これが、右下から左上にこう上がっているというところがですね、これが逆では困るんです。こういうふうに、右から左へ斜線を引きまして。そして、上の方に「雅」と書いておきました。それから、下の方に「俗」と書いておきました。で、この「雅」と「俗」というのが、江戸の文化というものを考えていく上での一番大きなキーワードになるだろうと思います。これは、「雅」というのはですね、「みやび」というような読み方をどうしてもなさる方がいらっしゃいますが、これは私はやはり「が」と読んで頂きたい。というのは、やはり「が」という言葉を「みやび」と読む時には、どうしてもこう王朝的な上からの流れというものに中心を置きたい方はここで「みやび」と読んでしまいますけれども、江戸の文化というのはやはり基本は中国文化だと思います。ですから、音よみで「が」と読む。そして、一方「俗」。この「雅」と「俗」というのがこういう範囲で、要するに、江戸の文化というのは「雅」の範疇と「俗」の範疇と、その二つが二元的に存在する文化だというふうに考えて頂ければ当たらずと言えども遠からずだろうと思います。「雅」の領域と「俗」の領域と、その二つが同時に存在し、同時に進行する。そういう状況だということですね。そして、さらに言いますと、この「雅」と「俗」というのは、先ほどちょっと名前を出しました中村幸彦先生。その中村幸彦先生に僕らは叩き込まれたわけですけれども、とにかく江戸の文化を考える上では、この「雅」の文化と「俗」の文化をきちんと理解しなければ駄目だよということは非常にはっきりと言われました。それで、ちょっと後戻りしますと、先ほどの一のような江戸文化の見方というのはですね、これを近代主義的だと申しました。それはつまり、江戸文化の「俗」の領域だけを取り上げてみるとそうなるということなんです。要するに、近代主義というのは、「俗」の領域、「俗」の文化、まあまさに、その庶民性というような言葉でもはっきり表されますけれども、そういうものだけを評価しよう、あるいは、そういうものだけが評価できるんだというような立場に立つのがまさに近代民主主義であったわけですね。ですから、近代主義の方から近代的な発想で、近代的な価値評価で江戸の文化を眺めますと、その中の評価できる部分というのはまさに元禄と文化文政というようなところにぴったり当てはまって、二瘤らくだ型の形になる。一番のようになるということは、間違いないことだと思います。

「雅」の優位性　ハイカルチャーとサブカルチャー

しかし、江戸時代というのはですね、三百年間常に「雅」は上位であり、「俗」は下位でした。それが江戸なんです。だから、江戸という社会体制の中では、これは絶対に譲れないと言いますか、そういう位置づけというのは、これは江戸が江戸である限りは必ずそうである。だから、この三番の図形でも、常にどの時点をとっても「雅」は上にあるわけです。「俗」は下にある。「雅」が上位であり、「俗」が下位であるというのは、江戸時代である限りは絶対に間違いのないことです。これが逆転するのは、要するに近代に入ってからです。社会体制が変わったから、「俗」の文化といったようなものが、また上位に考えられるようになってくる。それは、社会体制が変わったからそうなるんで、江戸という社会体制の中では必ず「雅」は上位であり、「俗」は下位であった。そして、それと同時にですね、「雅」というのは、より把握し易いかたちで言いますと、「雅」の文化というのは、要するに、伝統的な文化を申します。文字通りハイカルチャーと言っても良い。要するに、江戸以前からずっと流れてきた、ずっと積み上げられてきた文化。そういうものが「雅」の文化ですね。そして、「俗」の文化というのは、要するに、新しく起こった新興の文化。新しく江戸時代になって、初めて出てきた新しい文化。それが「俗」の文化です。此方はサブカルチャーとも言えます。ですから、十七世紀の一番右側の最初のところでは、まだ全部「雅」です。当然、以前からの文化というものの流れがそこまで流れているわけですから、出発点は全部「雅」。もう「俗」はほんの針でつついたほどしかない。しかしそれが十七世紀、十八世紀、十九世紀とだんだん流れていくにつれて、当然「俗」の文化の占める領域がどんどん大きくなっていく。「雅」の文化は逆にどんどん小さくなっていく。領域的に言えば、量的に言えばまさにそうだったと思います。しかし、価値の上では必ず、「雅」はどんなに小さくなっても「雅」の方が上位であり、「俗」の方は下位であるという、その価値の変動は全く起こりませんでした。その価値の変動の起こるのは、江戸ではなくなって初めてその価値の変動が起こるというふうにお考え頂ければよろしいだろうと思います。そのように、「雅」が上位であり、「俗」が下位である。

「雅」は伝統文化であり、「俗」は新興の文化である。そういうふうに申しますとですね、そこで大体近代の我々は、必ず勘違いをしてしまいます。つまり、「伝統」と「新興」と、今私ははっきり申し上げているわけでございますけれども、それを、「伝統」と「現代」というふうに、大体近代の人間はすぐ、伝統と言われるとその対応語としては現代というふうに置いてしまうんですね。で、その間違いが江戸というところを何となく分かりにくくしてしまっているところでもあるだろうと思います。つまり、学生にこのことを説明しますとですね、学生の大半は勘違いをするんです。「伝統」と「現代」。要するに、「俗」というのは現代そのものというふうに考えてしまいます。今はそうなんです。今は現代といえば、つまり「俗」の文化と言っても良いと思いますが、江戸時代は決してそうではなかったということですね。江戸時代の現代は、つまり、そのまま「俗」ではないんです。江戸時代の現代というのはやっぱり「雅」と「俗」というのが両方あって、そして必ず、「雅」は上位で「俗」が下位。それが江戸の現代なんですね。ですから、ここに書いてある四角いもの全体が、これが江戸の現代なんです。ですから、伝統文化と新興の文化、そして新興を現代というふうに置き換えて考えてしまいますと、必ずスポーツなんかでは、伝統的なものといえばなんかもう年寄りが細々とやっているゲートボールみたいなもんだと。そして、現代のスポーツというのは、サッカーであり、あるいは野球であり、というようなな、そういうふうに考えてしまうわけですね。それも今の学生の頭で考えればそういうふうに勘違いするのも尤もでもあるだろうと思いますけれども、なにかそう言ったような、伝統文化というのは本当にこう社会の片隅で、お年寄りが細々と持ち伝えている。そういうものが、伝統文化であって、そして、現代の文化というのは、すべて若者の文化であるというふうに、まさに年寄りと若者というような対応の仕方でそれを考えてしまう。江戸時代は全くそうではないんですね。つまり、江戸時代は年寄りも若者も皆「雅」と「俗」の文化を両方きちんともっていた。そこが、やはり江戸と現代の一番大きな違いでもあるだろうと思います。

現代の若者は、伝統的な文化というものに全くと言って良いぐらい興味も何も持ってない人が多い。しかし、江戸の若者は、ちゃんとその「雅」と「俗」の区別をきちんとわきまえて、そしてその両方をきちんと身につけることを願って、そして、またその両方を身に付けた時に、必ず「雅」の方が上位であり、「俗」の方は下位であるということをしっかり認識できていた。つまりハイカルチャーがメインカルチャーでありサブカルチャーはあくまでサブであるという認識がしっかり身についていた。つまり文化の身分制もきちんと機能していたということです。そういうのが、江戸の若者であり、江戸の老人であったというふうにお考え頂ければ、大体三番のような説明もお分かり頂けるだろうと思っております。そういうふうに申しますと、何か図形の上での説明だけに終わってしまいますので、そこで先週お配り致しました浮世絵がございます。これをちょっと見て頂ければと思います。

浮世絵に見る「雅」・「俗」

浮世絵【資料4●口絵】は四枚ございます。一枚目が、十七世紀の浮世絵です。浮世絵は皆様方いろんなところでご覧になると思いますので、ほとんど見慣れた図柄であるだろうと思いますけれども、ここに挙げましたのは皆、美人画であります。美人画というのが一番分かり易いと言いますか、風景やなんかをとりますとちょっと混乱してしまいますので、まあ美人画でご説明を致します。一枚目が十七世紀。二枚目と三枚目が十八世紀。四枚目が十九世紀です。浮世絵の美人画というのは本当にパターン化と言いますか、パターン化がはっきり出来上がっておりまして、十七世紀の浮世絵は皆どれを見ても美人画は大体こういう。で、十八世紀はこういう、十九世紀はこういう。ですから、私が自分の説明に都合の良いように適当に選んできたんだと言われると困るんで、これは後でじっくりお確かめ頂けると良いんですけれども、大体江戸前期と江戸中期と江戸後期の浮世絵美人画のパターンというのは、皆こういうものだとお考えください。ですから、僕はこれは、手元の色んな美術館や図録やそういったものから適当に抜いてきただけです。この十七世紀の浮世絵。これは右側が師宣(もろのぶ)ですね、有名な郵便切手にもなりました見返り美人。これは、実はこれだけが版画ではありませんで、これは肉筆です。肉筆ですから師宣の時代でもちゃんとこういうふうに彩色を施した絵になっています。左側は、長陽堂安知（ちょうようどうあんち）、懐月堂派と言われる、元禄からちょっと十八世紀に入った頃まで盛んにもてはやされました、懐月堂派の遊女の立ち姿であります。これには色が付いておりません。これはもちろん、十七世紀までは日本にはまだ色刷りの版画を作る技術ができあがっておりませんでした。その頃色刷りが出来ていたのは中国だけです。ですから、日本人は中国の色刷りの版画なんかは時々見ることはあったかと思いますが、なんとか日本でもこういうものができないかと一生懸命考えていたその時代だと思います。十八世紀に入りますと、日本でも見事に色刷りの絵画ができるようになります。で、十八世紀。右側は鈴木春信。左側は歌麿。そして三枚目の右側までは十八世紀ですね。左側は十九世紀。右側の方は、これは鳥文斎栄之（ちょうぶんさいえいし）という有名な浮世絵師の一人でありまして、この人は浮世絵師ですけれども立派な旗本、お侍です。それから、三枚目の左側からは十九世紀になりまして、これは国芳。それから四枚目はやっぱり十九世紀で、上が国芳、下が国貞。大体それぞれの時代を代表する浮世絵師の美人画。それも大体は遊女、あるいは町娘か、そういった美人画をここに並べておきました。これによって、先ほど申しました「雅」と「俗」ということの説明を一つ加えてみようと思います。

「雅」の文化、つまり伝統的な文化というものの内容と言いますか、中身。これは、「雅」の内容と言っても色んなものがあるわけですから、全部をひとまとめにして一言で表せと言われますと、これはさすがに誰にもできないことだと思いますが、あえてそれを申しますならば、やはり「品格」ということだと思います。自分で品格品格と言うのは何となく気が引けてしまうんですけれども、あんまり言葉で言い散らすような事柄ではないと思いますが、一応品格というふうに申し上げておきます。そうするとそれに対して「俗」の文化の特徴は、あえて言えば「人間味」とでも言いますか。人間味と言った時には、プラスからマイナスまで色んな評価がありますので、それをまあプラス評価の方で考えておいて頂きたい。これをさらに言い足しますと、品格という方はどちらかというと冷たい感じがあると思います。それに対して人間味と言えば、やはりどちらかというと、あたたかみということになるだろうと思います。そういったものが、大体伝統文化と新興の文化との内容的な大きな区別ということになります。

そして、この浮世絵の方に入りますけれども、この浮世絵はですね、きちんと申し上げておきますけれども、浮世絵というものは「俗」の領域の絵画です。決して「雅」の文化に関わるものではありません。だから、ここに挙げましたものは皆、これは「俗」の領域でのご説明ということになるわけですから、そこをどうぞお間違いのないようにお願い致します。ところが現代はですね、なんか浮世絵は江戸を代表する絵画ということになってるんですね。これはおそらく、江戸の人にそのことをもし言ったら、皆ひっくり返って驚くだろうと思います。〝なんであんなつまらんものが江戸の我々の代表的な美術なんだ〟と言うに違いないわけですよ。それは、先ほど申しましたように、「雅」の方が上位であり「俗」は下位にあるわけですから、その区別は江戸の人だったら当然きちんと分かってるわけです。ですから、その浮世絵は「俗」の領域の絵画である。「俗」の領域を代表する絵画だと言えば、それはそれで充分通用することなんですけれども、しかし、それを江戸時代全体を代表する絵画だと言われますと、江戸の人はびっくりするということになると思います。これをずっとこう横に並べてみます。

変化する美人画

十七世紀、そして十八世紀、そして十九世紀。そういうふうに並べますと、これで先ほども申しましたように、十七世紀というのは「雅」の領域が非常に大きい、「俗」の領域は小さい。十九世紀は逆に、「雅」の領域がうんと小さくなって、「俗」の領域が大きくなる。そうなるとですね、やっぱり内容的にもその量に引っ張られるところが当然出てくる。ですから、十七世紀の文化というのは「雅」の領域が非常に大きいんで、そのためにまだ小さい「俗」の領域も「雅」に引っ張られた内容に当然なってくるわけです。一方で、十九世紀は、全く逆で、今度は「雅」の領域の作品でもなんとなく「俗」っぽいと言いますか、「俗」に近づいた内容のものになってくる。ところが十八世紀というのはそれが実にバランスよく存在する。「雅」の領域と「俗」の領域とが、全く同じような量で存在している。ですから、お互いに良いとこ取りと言いますか、良いところを上手に取り入れた絵になってくる。そういうふうに思って頂ければ、それが僕の言う十八世紀の文化がピークだという、十八世紀が江戸的に成熟しているということの一番大きな理由はそこにあるわけです。つまり、「俗」であっても「雅」に引っ張られるような、あるいは、「雅」であっても「俗」に引っ張られるようなそういう文化ではなくて、その「雅」と「俗」の量的にも質的にも非常にバランスの良いなかみ。ということを浮世絵で言いますと、「俗」の領域の十七世紀の浮世絵。これは、どうしても「雅」の方へ引っ張られておりまして、ここに挙っておりますものを比べて頂くと分かると思いますが、なんとなく線が固いし、この懐月堂の絵はこれ遊女ですが、遊女の絵といえば何となく連想されるような、はかなさやなよなよした姿とは似つかわしからぬ、遊女とは思えないほど実に堂々とした立ち姿とでも申しますか。そして、顔立ちもふっくらとして、まことに健康的であります。そういうその立ち姿の遊女の姿絵。それが、十七世紀的な浮世絵美人画の一つの大きな特徴である。師宣の場合も、やはり師宣の場合はちょっとこれは肉筆ですので、線が大変細かく細い線で、きれいにできあがっておりますけれども、やはりこの立ち姿は非常にしゃんとした立ち姿である。そのしゃんとしたというところに、品格というものが当然出てくる。ですから、これを十九世紀のこの国貞や国芳と比べて頂けば一目瞭然でしょう。つまり、どっちが品の良い絵かと言われたときに、十九世紀を挙げる方はまずいないだろうと思いますね。この十九世紀の浮世絵美人画の特徴というのは、いわゆる槍頤（やりおとがい）と言うんですが、顎が尖ってきて、そして猫背、猪首（いくび）、首がちょっとこう衣紋に沈み込むようなかたちで、それから背中が丸くなってしまう。ちょうど五頭身ぐらいの姿形になっている。そして、髪の毛がなんとなくこう散らばって、前髪が下がってくるというような、これは十九世紀のどれをとっても皆大体こういうかたちです。これはおそらく皆さん方、料理屋さんとかそういうところへ行かれて、壁にちょっと掛けてあるような絵で美人画が掛かっていますと、大体この十九世紀的な美人画がほとんどだろうと思いますけれども、これはやはり、そのお店の品格もまた表しているというふうに言ってもよろしいだろう、まあ怒られますけれども（笑）。そういうところで、十七世紀の頃の懐月堂の絵なんかをどーんと掛けてありますと、あっこれはなかなか立派なお料理屋さんだというふうにも言えるだろうと思います。しかし、いずれにしましても、そういうふうに比べて頂きますと一目瞭然だろうと思います。そして、これは何度も申しますが、僕が勝手に選んだんではなくって、皆こうだということですね。それで、さらに十八世紀のを真ん中に置いてみます。この春信といい歌麿といい鳥文斎栄之といい、春信の場合は町娘でしょうけれども、お人形さんと言った方が良いぐらい可愛らしい。そして、歌麿の場合にはちょっと年令も、この頃の言葉で言えばアラサーかアラフォーぐらいのところだろうと思いますけれども、とにかくこのなんとも色っぽい、色っぽさの中にまた明らかな品格がある。鳥文斎栄之の絵になりますと、これは間違いなく吉原の芸者さんですね。この吉原芸者の立ち姿ですが、これも非常に十七世紀的な非常にすっきりした背中の伸びた立ち姿であって、しかも人間的なあたたかな色気というものがはっきりと備わっている。それが、十八世紀なんですね。ですから、十八世紀の良さと言いますか、十八世紀の成熟ぶりというのは、浮世絵で見て頂きますのが一番分かり易い。これはしかし、当然浮世絵だけがそうであるはずがないんです。他のあらゆる文化にも当てはまる事柄であるというふうに思って頂いて少しも構いません。決して間違いではないだろうと思います。

「雅」の絵画に見る十八世紀

同じように、例えば浮世絵ではなくて「雅」の領域の絵画というものを例にとることも当然必要なんですけれども、まあ浮世絵でそれをご説明しますのが一番分かり易いと思って浮世絵だけにしておりますが、ひとつだけ「雅」の領域の、『乗興舟』【資料5】という若冲のものですが、まさに十八世紀。私はこれを十八世紀の絵画の代表的なものであると言ってもよろしいと思っております。これは、若冲が大典というお坊さんと一緒に、京都から大坂まで淀川を下ったときの夜景です。淀川の夜景を白と黒だけで横長の巻物にして仕立て上げた。ずっと白黒のバランスとトーンだけでまとめたもの、夜景ですから当然そういうことになるわけですけれども。このなんとも言えない品格と、それからあたたかさと言いますか。そういうものが、十八世紀の代表的な「雅」の絵画として私は推奨措くあたわざるぐらい、できれば自分で買いたいと思うんですけれども、この絵はおそらくですね、出てくればたぶん一千万は下らないだろうと思いますので、ここで頂く講演料ではとても間に合わないので、これはちょっと残念ながらおいておきたいと思います（笑）。実際、日本でも三点か四点ぐらいしかありませんが、外国には結構あるんです。外国人がやはりこの良さというものに早々

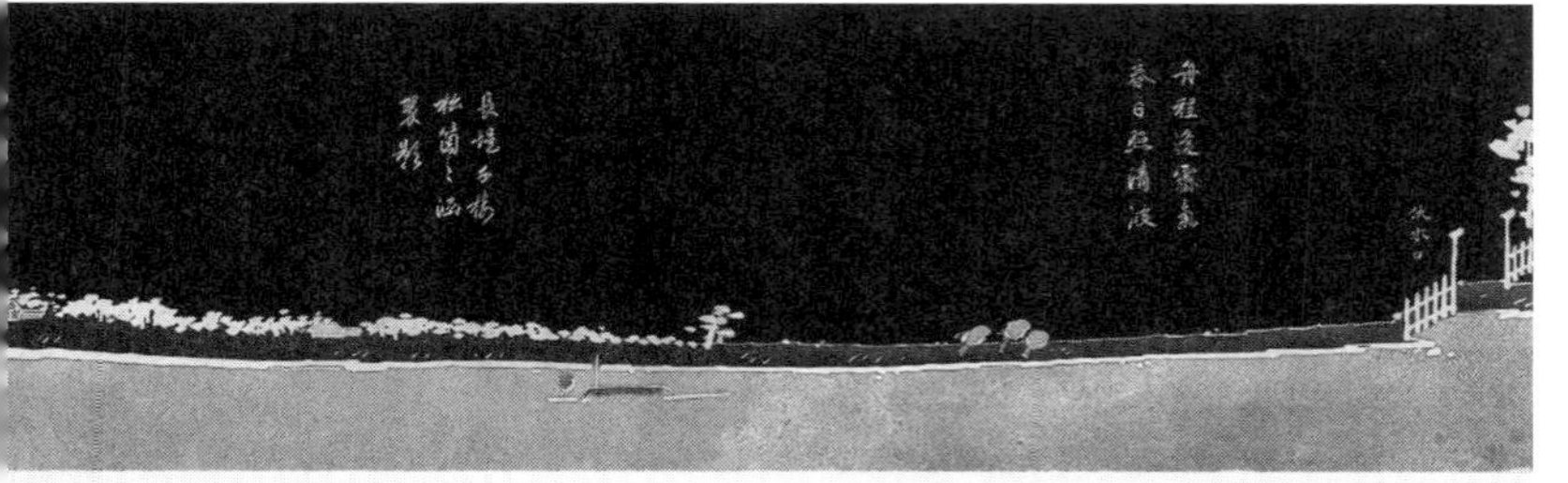

と目をつけて、日本で出たものの大半が今外国に行ってしまっているというふうに言ってもよろしいと思います。で、この『乗輿舟』を十八世紀の「雅」の領域での代表的なものとして取り上げておきたいと思います。十七世紀の「雅」の領域、代表的なのは狩野派です。狩野派は当然「雅」ですから、品格だけしかないと言っても良いぐらい、狩野派の絵というのはそういうものを大事にしておりますね。量的にも非常に大きい領域を占めているわけですし、狩野派といえばそれだけでどんどん、他のものは何も色々説明するまでもない。それが、十九世紀の「雅」の領域ということになりますと、例えば、京都の四条派や円山派といったようなものがそれに当たりましょうけれども、四条派や円山派の人物画というのは、これはもう本当にどれを見てもですね、どこのお百姓さんか、どこの木こりかというような感じの人物が次々と出て、そしてそれがまた、非常に人間味のあるあたたかな感じの、しかしそれでいて「雅」の領域ですから、品格は失わない。しかし、かなり内容的には「俗」に傾斜

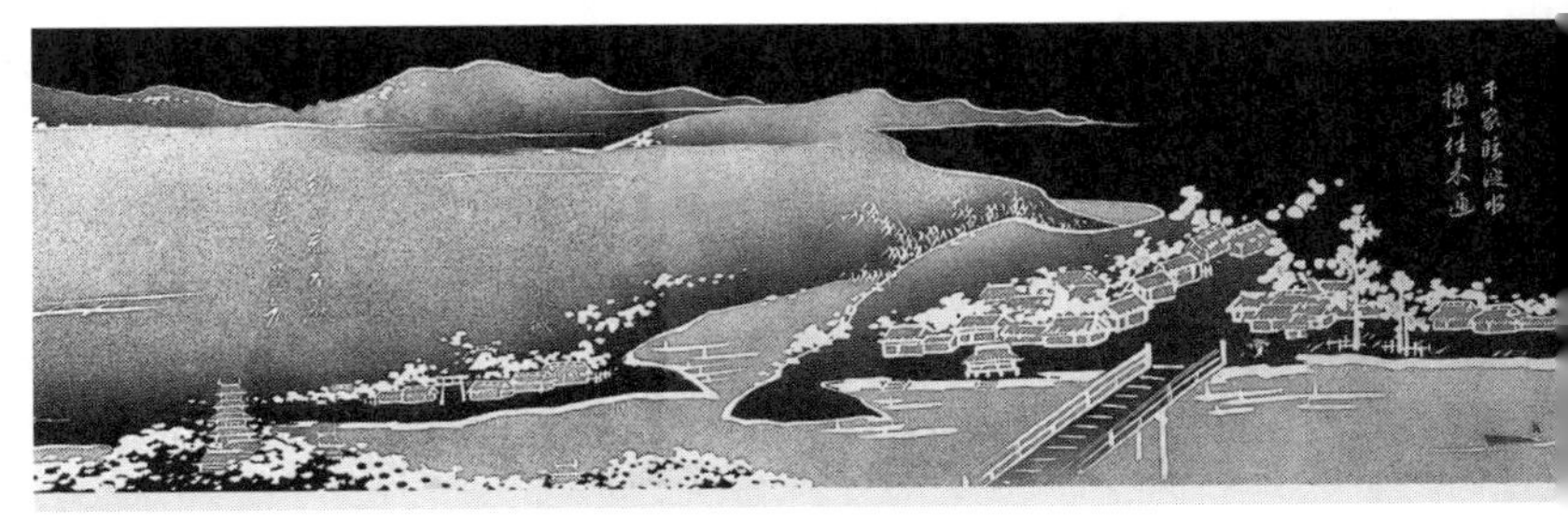

資料5　伊藤若冲『乗輿舟』(部分、千葉市美術館所蔵)

したそういった内容のものになっている。それがおそらく「雅」の領域の絵画の一つの大きな流れになっているだろうと思っております。大体そういうことをお話ししますと、私の言わんとするところ、この「雅」と「俗」というものの内容的な捉え方と言いますか、そういうものに納得して頂けただろうと思います。

江戸らしさとは

そして、他の領域のものもですね、当然それになぞらえて見ればよろしい。私は敢えてそう申します。それはものによって色々だということは当然ありますけれども、やはり、十八世紀というのが江戸の最も江戸らしい文化と言いますか、あるいは、江戸的に成熟した、ということはつまり江戸らしい、最も江戸らしい文化が盛んになりましたのが十八世紀である、そうお考え頂ければ大体よろしいんではないかと思います。他に例えば文芸の世界で誰がいるかとか、色んなことがありますけれども、これは今ここで私が色々名前を出しましてもですね、皆さん方にとっては初めて聞くような名前ということにしかならないだろうと思います。それはまた、四・五回目に出すことにしましょう。ですから、それはもう皆様方がご自分でこれから先、江戸の文芸というものをご覧になって頂く場合に、まず十七世紀か十八世紀か十九世紀かということをちょっとお考え頂いて、そして十八世紀のものがそれが最も江戸らしさの基準になるんだというふうにお考え頂ければ、大きな間違いはないだろうと思います。そして、それを基準において、十七世紀や十九世紀というものもまたそれぞれに考えて頂ければよろしいかと思います。ただ、私がこうやって、十八世紀、十八世紀と申しますけれども、これはなかなかこれまでの学問の世界でも受け入れられなかったのは、これはそれぞれやはり、研究者の方は自分の専門領域があるものですから、十七世紀をやっている方はどうしても十七世紀が一番と思いがちなんですね。十九世紀の方は十九世紀が一番と、おそらく思われるんだろうと。だから、絶対譲れないというようなところが出てきてしまうんですが、それはどうでもいいことで。まずとにかくここで私の話を聞いて頂いたわけですから、これからはせめてこの中の皆さんだけでもですね、十八世紀が一番江戸の江戸らしいところなんだと。やっぱり何か見るときに基準がないとなかなか難しいですから、だからその基準を十八世紀において見て頂きたい。そして、僕の申し上げたことを一度頭の中でちょっと思い出して頂ければ、僕としてはもうそれで充分だというふうに考えております。

第三章

江戸モデル封建制

その大いなる誤解

誤解された江戸の封建制

今回は、三回目になりますので、今ちょっと紹介して頂きましたように、「江戸モデル封建制」それから「その大いなる誤解」というような、そういうテーマを立てさせて頂きました。封建制、なかでも身分制、さらには、特に女性に対する抑圧というようなことがこれまで盛んに言われて参りましたので、それが実は大きな誤解に基づいているんだということを少しお話をしようかと思っています。例によって、今日お配りしましたものの一枚目の一番上にあります「百話百言」（吉川弘文館PR雑誌「本郷」69号）という、これは、江戸モデル封建制、あるいはその封建制の中身をどう考えるかというようなことについて、私の考え方を簡単にまとめたものでございます。ですから、これも後でお読み頂ければ、今日僕がお喋りをすることをかいつまんだような中身になっているはずだと思いますので、一応申し上げておきます。

私は江戸の封建制という時に、なんかそのおかしな不思議な感じがずっとしておりました。実は、学生のときにそういうことを色々教わりました時は、それこそ今さっき申しましたような、完璧なステレオタイプの江戸封建制。封建制はけしからんという、そういうことで塗りつぶされておりまして、私自身もそれに対して、偉い先生方がおっしゃるのだからそうに違いないと。ということはまだ序の口で、だんだんにそういうふうに考えないといかんのだというふうな圧力と言いますかね、そういうものを与えられ続けていたというのが実情であります。それが弾けたといいますか、そういうものが突然目の前で弾けたような気が致しましたのは、私この十五年近く、外国語は全くできないのに、ヨーロッパだとかアメリカだとかそういうところにあります和本ですね、我々の専門とするところですけれども、そういうものの調査にしばしば参ります。その調査というと一応格好はつきますけれども、本当はあんまり本のないところがいいなあというぐらいのつもりで行きまして（笑）、それで本がないと観光をして帰ってくる。それが一番有り難いことなんですけれども。国からお金をもらったりしますとなかなかそういうことはできないんでしょうけれども、そうではない場合には、比較的当てずっぽうで参ります。たぶんあるだろうということで行ってみて、行ってみたらなかったというのが、これが一番有り難いわけです。それで、ロシアへ行きましてサンクトペテルブルグでエルミタージュとか、フランスのルーブルであるとか、あるいはスペインの王宮であるとか、あるいはオーストリアのシェーンブルンであるとか、そういういわゆる十八世紀ヨーロッパの、あるいはロシアのそういう有名な封建制の遺構と言いますか、そういうところへ参りますと、これはもう実に目のくらむばかりの大変に豪壮なお城で、大体今申し上げたようなお城は部屋が千室以上というような、そういうことです。そして、そういうところで、部屋の中には金銀財宝。部屋だけではなくて、廊下から壁からとにかくもの凄い装飾。いわゆるキンキラキンの大変な装飾ぶりです。そういうものを、こちらも当然立派なものだなあと思って拝見しておりますんですけれども、しかしだんだん考えてみますと、まてよと。日本の封建領主でですね、こんなめちゃくちゃな、まあその金銀財宝を集めるということは結局その権力を行使した収奪ですね。勿論、国力の違いということもありましょうし、ヨーロッパの場合は世界的な収奪ということにはなりましょうが、規模は違うにしてもそういう収奪をやった封建領主が、江戸時代に、果たしてそんな人がいただろうか。お城は皆作っておりますけれども、お城の場合は軍事的な要因で作ったことはありましょうけれども、お城の中身なんていうのはがらんどうですよね。なんにもない。ただ柱が組み上げてあるだけのことで。その他の、まあ居室になるようなところは、例えば江戸城大奥なんてところはそれはまあ立派なものではありましょうけれども、それにしてもですね、ヨーロッパの封建領主が集めたような、あんなものを集めたような人はまず一人もいない。そうなると、やはり、封建制というけれども江戸の場合ちょっと違うんではなかろうかということを、嫌でも思わざるを得ないと言いますか、そう思うわけですね。これは例えば歴史学の先生だとか、大勢の方々がそれこそヨーロッパや色んな所へまわられて、そして、そういうものを嫌と言うほど見てこられたはずなんですけれども、しかしそういう方々が、ヨーロッパモデル、あるいはロシアモデル、中国モデルの封建制と、江戸モデルの封建制はちょっと違うんじゃないかということをおっしゃったものを僕は見たことがないんですね。そういうことがまずきっかけで、目の前が弾けたと言いますか、俗な言い方をすれば、目から鱗と言いますか、そういう感じを持ったわけです。

西洋型学問摂取の弊害

これまでなぜこんなに封建制というものが画一的に考えられてきたのか。これはですね、理由は簡単なわけでして、要するに、明治以来日本の学問は全部と言って良いぐらいヨーロッパ型のと言いますか、西洋型の学問、それが基本になったわけですね。ですから、全部ヨーロッパモデルで考えるというのは、学問をやる方からすれば当たり前という、そういう感覚だったんではなかろうかと思います。それが私がこの前から嫌になるほど言っておりますような、「和本リテラシー」というようなことも、完璧にそれが置き去りにされてしまったということは、まさにその点に大きな原因があるというふうに当然考えられるわけですが。とにかく、学問のベースが西洋の学問でありますから、それは研究者としてはそのベースからきちんと理解することが当然のことです。そうなると、まずラテン語から、それから英語、フランス語、ドイツ語、そういうものがかっちり出来上がって、一人前の学者ができる。まあ僕なんかは全くそれができませんので、およそ学者面をすること自体が恥ずかしいと言ってもよろしいような、そういう状況でございます。ですから、いわば西洋の学問をベースにしないで済みますのは、おそらく国語学や国文学。そちらの方も、だいぶ西洋の方に引っ張られているところはかなりありますが、それでもベースはですね、さすがに国語学や国文学ですと、契沖、宣長というところから始まって、一応西洋のそういった学問とほとんど同列と言ってもいいような実証主義的な成果を江戸時代からこれまで一応は上げてきた。ですから、大変幸いなことに僕らみたいなのは、そんなに西洋を崇め奉るようなことはあんまりしなくても済んだ。しかし、それ以外の学問の場合には完璧にそういうふうにできあがってしまっておりますので。だから、大学の講座名を見ればですね、これは一目瞭然でして、国語学や国文学以外はですね、全部と言って良いぐらいに西洋の学問をベースにした学問の名前になっている。自然科学や社会科学は勿論、人文系でも宗教学でありますとか、心理学でありますとか、ありとあらゆる学問が、西洋モデルで考えるということになっている。その上に例の明治以来の江戸批判がある。それに自然に慣れてしまいまして、物事を西洋モデルで考えるということは何ら不思議なことではないような、そういう感覚がいつの間にか育ってしまった。そのために封建制というと、西洋の封建制。ヨーロッパモデルの封建制、ロシアモデルの封建制、中国モデルの封建制。日本も江戸時代は封建制であった、すると、日本の封建制も全くそれと同じようなものだろうというふうにして、そこから封建制うんぬんの研究が始まるというのが、まあ実情であったろうと思います。これは、そのために随分学問的に進んだ部分ももちろんございますので、それはそれで大変結構なことなんですが、しかしどっかでやはりちょっとその違いというものも考えてみるべきだったんではないか。そして、私は江戸モデル封建制というようなものをやはり考えるべきなんじゃないのかなということに遅まきながら、やっと気が付いたと。それも、西洋などに行ってそういうものを見てきましたそのおかげでそういうことに気が付かさせて頂いた、そういうことだったと思います。そういうつもりで考えてみますと、江戸モデル封建制というのは、やっぱり、ロシアモデル、ヨーロッパモデル、中国モデルの封建制とはかなり違うところがあるんではないか。その違いというところがやはり問題なんでありまして、そこをきっちり明らかにしておかないと、江戸の姿を江戸に即して眺めるというときには、やはりそこが一番問題になってくるんではないか、そう考えました次第です。それで、そのことをですね、どういうふうに考えていくかということで、ちょっと実際の文章を色々眺めた方が分かり易いと考えましたので、資料の二枚目のところで、まず、これからは少々読んでいきましてその解釈みたいなことも入れまして、お話を繋いでいくことにもなりますので、ちょっとそのお読みづらいかもしれないですけれども、少し我慢して聞いて頂きたいと思います。

江戸中期の浪人の生活

最初に挙げました、一番の『風俗文集』【資料6●巻末226頁】という、これは自堕落先生という誠におもしろい名乗りを名乗った人ですけれども、この人が延享元年に出版しました。延享元年というのは一七四四年、つまり十八世紀のまさに半ばですね。前回申しましたような江戸の前期、中期、後期ということになりますと、まさに中期。私の言う江戸が最も江戸らしく成熟したその時期の俳文集でもあります。この人は、自堕落先生だなんていうとふざけた人のようですけれども、俳人としては結構名前の売れた人でありました。芭蕉を慕って奥の細道を歩いた最初の人でもあります。ですからこの自堕落先生以後、奥の細道詣と言いますか、大変流行するようになりまして現代に至っています。この人はそういうことをまず最初にやった。ですから、俳諧の方では結構自堕落ではなくて真面目なところもある人で。ただ、この人の面白いところは仙台あたりまでは行くんですけれども、それから後はくたびれてもう行くのはやめたと。それで、後は仙台の旅館で寝ながら夢の中でずっと芭蕉先生の後を辿ってみた（笑）。そういうことを平気で書く人なんですね。ですから、まあどこかおかしな人であることは間違いないのですけれど。この人が俳文集を作っておりまして、それが『風俗文集』というこの本なんです。ちょっと読んでみますと、「千里の労なくて松江の鱸を味ひ、紡績の功なくて西陣の錦を求む。」これは『風俗文集』の中の、「市中の弁」といって、町の中の生活というのがいかに快適であるかということを述べたものです。そういうつもりでお読み頂けると良いのですが、「千里の労なくて松江の鱸」、松江（ずんごう）の鱸といいますのは、中国でいう大変美味しいと言われた名産なんですけれども、それを江戸の裏長屋に住んでいる、この人は裏長屋住まいの浪人者です。侍ですけれども、もう侍づかえも何となく嫌になってしまって、自由な浪人を目指して、と言うと格好は良いんですけれども本当はどこも取り立ててくれるところがなかったので、嫌々ながらの浪人生活。そして、その浪人生活をやってみると、意外に楽しいというようなことが分かってきた人なんですね。で、江戸の長屋住まいをしていると、もう別にそんなに歩き回らなくても大変美味しい魚も頂けるし、「紡績の功なくて西陣の錦を求む。」自分で機織りをしなくても西陣織の見事な着物も求めることができる。「口のまづしき朝は生肴の声有り、腹のふくるる夕は刻（きざみ）たばこの箱来る。」ちょっと朝から口寂しいなあと思っていると、生魚売りがやってきてくれるし、腹がふくれたなあ、ちょっと煙草がのみたいなあと思うと、夕方には刻み煙草の箱を持って煙草売りがやってくる。「病る時は医師多く、よごるる時は湯屋近し。」病院は多いし、銭湯もあるし。「店賃（たなちん）の滞りなければ地主に恐れなく、冷飯に余り有れば、痩犬に悦（よろこび）有。」痩せ犬の喜び。これは、「犬悦（けんえつ）」

という言葉がありまして、大体反吐を吐くと犬が寄ってきて食べてしまう。だから、反吐を吐くと犬が喜ぶというんで、反吐のことを「犬悦」というような言い方をするわけですけれども、まさにそういうこと。「行灯(あんどん)出さんとすれば油、油と呼、煎茶入れむとすれば薪、薪と売る。味噌、塩にも小売り有り、酢、醤油は壱銭づつも買れ、酒は烏の鳴くしののめより、後夜(ごや)過るまで御用、御用の小でっち有。春の日は長けれど、寝て居て用を弁じ、秋の月の明らかなるにも、団子、鳴焼き有り。かかる所に住なれて、いづれの所にか行べき。自由と不自由とはいづれか人の好む処なるや。」もう分かりきってるだろう。こんなにコンビニエンスな生活ができるんだということですね。そして、しかもこのコンビニエンスは、我々でもコンビニがあるかないかは大変生活そのものに直結しますけれども、それでもこの現代のコンビニエンスは自分からそこに行かないと買えないわけですが、江戸の裏長屋は向こうから全部持って来てくれる。こんな自由なところが他にあるだろうか。そしてまた人間として、自由な生活と不自由な生活とどっちを選ぶかといわれて、自由な方を選ばない人はいないだろう。そういう生活ができているということを、本当の素浪人ですけれども、窮屈な侍勤めを自らやめた浪人の自堕落先生が実に楽しげに述懐しているところですね。こういうのがいわゆる、一般庶民の中の、浪人というのはやはり庶民、まあ出自は侍でしょうけれども、現在は全くその裏長屋の生活ですから、全くの庶民。その庶民の生活がいかに楽か。大体これまで封建体制といえば、庶民は頭から押さえつけられて、そして絞り上げられるのが、それが封建制だというふうに考えていたはずであります。ですから、上のものは勝手なことをやるけれども、下のものはとにかく押さえつけられ収奪されて、それに対する恨み、そういうことでいつかは恨みを晴らさなければというようなそういう気持ちでいるというのが、封建制という社会体制のステレオタイプの理解であるだろうと思います。それが、まさにこういうところでこういうかたちで書かれますと、ちょっと違うなということははっきり分かるはずですね。

庶民の女性たちの生活

その次の資料は、書名は、「ぞくにんみょう」と読むんだと思います。不思議な名前で、これどういう意味でこの書名を付けたのかはちょっとよく分からないんですけれども、『続人名』**【資料7●巻末226頁】**。そしてこれに、女中の巻でありますとか、百姓の巻でありますとか、商人の巻でありますとか、そういうふうに民間の、特に庶民といわれる人たちの生活ぶりがずっと書かれておりますので、『続人名』という名前は何かそれに関わりあっての命名だとは思いますが、よく分かりません。書いた人は、法忍という、浄土真宗のお坊さんです。この人は、拝復念仏というものを大変流行らせました人ですけれども、非常に若くって実は何か官憲の忌諱に触れて、若死にをしております。その人が、これも宝暦頃に出版されたもの、宝暦頃ですから一七五六年、先ほどの『風俗文集』とほとんど変わらない時期です。この時期に、特にこれは女中の巻でありまして、庶民の女性たちがどういう生活をしているか。そして、これではいくらなんでもひどいんではないか、もうちょっと考えた方がいいぞというような意味も込めて書いた教訓ものの文章ですけれどもね。これざっとまた読んでいきます。「夫の職により他国づとめ留守の内、又は在所逗留の留守を考へ、」これは、夫が単身赴任をしているということですね。で、奥さんが単身赴任の夫の留守を良いことにして、以下のような生活を繰り広げている。「召使のうち心おきなき女子をかたらひ、日比心に懸し男を引込、」まさに不倫が始まるわけですね。「又夫の朋友などと馴染、或は色々の手管を廻し、芝居役者又は大神楽の笛吹き男などを引込、芝居をかこ付け野郎かげまと茶屋にて出会、」芸人狂いやゲイバー通いですね。「或は家の男、又は手代等になじみ（中略）手前の夫のものを盗み出し、手前の身の皮を剝いでも密夫に是を与へ、」これは、旦那のカードか何かをポケットからちょっと頂いて、それで何かを買って、自分の恋人にあげるというようなそういうことです。「内にて逢いがたきは寺参りよ、物詣よとかこつけ、茶屋を拵へ、」茶屋というのは、今で言うラブホテルのようなものですね。「拵へ」というのは、いろいろ工面してのラブホテル通い。「下女に物をとらせ抱込、下辺(しもべ)を賺(すか)して芝居などへ遣し、爰にてゆるゆるとあひ、」一種のホストクラブ通いみたいなものと思えばよろしいでしょう。「又兄娵(あによめ)の身として夫の弟と不義をし、姑の身として娘にとりし聟を寝取りて実の娘を憎むなど」まあ、テレビ等でついこの間まで盛んにやっておりました「金妻モノ」、まさにそういうものを地でいくような、そのまんまの有様である。「わけて憎(にく)ましく見へしは」以上のようなことは特に憎たらしい限りだけれども、ましてもっと憎たらしいのは、「夫は卑(いや)しき身なりをして、肩に棒をかづけ、わづかの商ひに朝とく出て夕に帰り、一日辛労して少しづつの利分をもうけ、女房を養ふに、女房は髪化粧しやんとして、手白く足白く身拵へ、すこしの縫物仕事をするを鼻にかけ、」まあこれは、スーパーのレジのアルバイトかなんかして、少しは収入もあるというようなことでしょう。それを鼻にかけてヘヤー・サロン、ネイル・サロンは当り前、「すこしの縫物仕事をするを鼻にかけ、立たものを横にもせず、煙草くゆらせ、例の密夫をむかへ、酒肴を催し、楽しみを尽し、夫の帰らん頃は何喰はぬ顔つきにて縫物を抱え、」今まで縫い物をしていたという顔ですね。「雨などの日は、夫は濡れしょぼたれて泥だらけになり、くたびれ足を引きづりて帰るを、湯にても沸し置、早々遣(つか)はせんともせず、足ついでにそこな水汲(くん)でと、」立っているものは親でも使えという、そういう状態である。「却て夫をつかふ心ざし、さりとては男もならぬ行跡なり。」「行跡」は行状とでも言えば良いのでしょう。

これは所謂戯作ものではなくて、庶民教訓の為に書かれた教訓本の一節です。ここにですね、封建制で頭から押さえつけられて、虐げられて自由を奪われて、ただただ忍従の生活に泣いているというような、そういう女性の姿は全く見えないわけですね。ですから、封建制というのはそういったような圧迫があるのが当たり前だという、そういう理解の仕方というのは、少くとも江戸の場合はやっぱりこのへんで一度はっきりと切り捨てておかないと、いつまで経ってもそういうことが封建制の当たり前の社会の生活であるというふうになっていってしまう。これは、十八世紀半ばの宝暦頃の話ですけれども、もっと幕末に近くなってから出てくる、例えば人情本というような小説類。そういうものを見ても皆ほとんど変わりません。大体皆、ある一定の身分以下の人たちの生活というのは、おおかた自立した女性達の旺盛な生活力が画かれるのが常で、まさにこういうものであったということです。江戸の生活がいかに現代に似ているかと言うとちょっと誤解されるかもしれませんが、現代以上に自由気儘な生活が展開されていた。これはもう間違いのないところですね。だから、この『続人名』というのは、他にもとにかく面白いこういう文章が、やたらとあちらこちらに展開しております。おもしろいでしょう、こういう文章。こういう文章を読むためには、「和本リテラシー」が必要なわけです。ここには活字になってるじゃないかと思われるかもしれませんが、これは僕が自分の論文の中でちょっとおもしろそうな所だけを活字にしただけの話で、全体は全く活字になったものはありません。前の『風俗文集』の方は、明治の中頃に活字になったものはありますけれども、しかしむしろそれを探す方が大変だろうと思います。そういうものが江戸のちょっと活字にされなかった文献を色々と見ていきますと、とにかくおかしいおもしろいものが色々と出てくる。

侍の生活と心構え

では、侍はどうだったのかということですね。侍の生活と言いますか、とっさのときの心構え。そういうものを書きましたのが、三番目の『八盃豆腐（はちはいどうふ）』**【資料8●巻末227頁】**という、これもまた不思議な名前の文献ですけれども、これも実は全く活字になったものはありません。この部分だけを論文の中でちょっと活字にしただけのことです。『八盃豆腐』これも宝暦頃ですから、全く同じ時期のものですね。『八盃豆腐』という命名は、これは実は『続人名』とは違いまして、よく分かる命名ですけれども、これは、突然のお客さんがあった時に豆腐一丁あれば八人前の口とりみたいなものができますよ。そういうのを『八盃豆腐』というわけですね。ですから、要するにこれは、とっさのときの心構え、それも侍の。侍がとっさの時に、どういう心構えを持つべきかということを書いたものです。最初に「喧嘩之場え行逢る事」とありますが、これは喧嘩というのは、今我々が喧嘩と言いますと、子どものじゃれ合いのようなものと考えますけれども、侍ですから、当然のこと刀を抜いての切り合いというわけですね。ですから、どっちかが死ぬわけです。あるいは、大変な手傷を負う。そういう時の心構えということですね。「一方は乱心か又は、酒狂と見へ候はば、親疎貴賤にかまわず其方を抱(だき)とめ申べし」つまり、正気の人間の喧嘩ではなくて、一方が気が違ったか、あるいは酒を飲み過ぎたか、そういう状態で切り合いが始まった時には当然「親疎貴賤にかまわず」、その気違いか、あるいは酔っぱらいを抱きとめるべきである。それは当たり前のことですね。で、その次。「時、所あしく、上(主人筋)へさわり(差支え)申候節は、是又親疎貴賤を不レ論、とりとめ可レ申候」時や所が悪かった場合、というのは特に御上に触るような、そういう場合には、「親疎貴賤を不レ論、とりとめ可申候」この時と所というのをその次に説明しておりまして、「時は上之御慎(おつゝしみ)等之節、所は御城中、又御供先(おともさき)等也」とありまして、こういうところで切り合いが始まったら、これはもう誰が親しいとか誰が知らない人だとかに全く構わず、とにかく抱きとめて喧嘩をその場で押さえる。そういう心構えが必要である。「親類と他人之時は、脇へひかへ居(おり)、親類あやうく候ば(そうらはば)助太刀致(いたし)」親類と他人が切り合いを始めた時には、親類が切られそうな時には助太刀をしてもよろしい。「討せ可レ申候」。親類はいとこぐらいまで、と、ちゃんとそのあたりも誠に細かく定めております。「夫れより遠く候而もしたしく候か　又傍輩に而も別而入魂にも候はば」「別而入魂」というのは、特に仲のいいということですね。仲の良い傍輩であったならば「様子により助太刀可レ然候」様子を見て、そして助太刀をしてもまあそれは仕方がないだろう。「常躰之傍輩」常躰之傍輩というのは、要するに、ごく普通の友達。「と、傍輩之時は」要するにそれほど親しいわけでもないけれども、まあ顔は知っているというぐらいの友達同士が切り合いを始めた時、その時には、「脇扣居　一方討候はば、相手へ申含　近辺之寺へ同道致　其身は附添　余人を以御断可二申成一候」一方が打たれるまでは手出しをしてはいけない。喧嘩が始まったその時には、今まで言ったような前段の方は抱きとめたり助太刀をしてもいいけれども、そうではない人たちの場合には、これは一方が打たれるまでとにかく手出しはするな。そして、打たれて一件落着と言いますか、勝ち負けがはっきりした時には、勝った方へ申しふくめて、近所のお寺かなんかに頼って、そこへ連れて行って、自分はその男が逃げないようにとにかく付き添っていて、他の人に頼んで官憲にちゃんと届けるように。「其討果候節　中へ入　双方聞届候上にて為二討果一申度候得共　左様に成不レ申候はば　脇に扣候ても可レ然候」だから、何とか前もってまあと言うことができればいいんだけれども、しかしそういうことができなかった場合には、どっちかが決着がつくまでは手出しをしてはならん。そして決着がついたら、今度は勝った方をきちんと引き止めておいて、そしてその理由をきちんと問いただすべきである。その理由を明確にしろということですね。それが非常に大きい。「或云（あるひといわく）　喧嘩之場へ参り掛り候而（て）取り鎮候儀　奉公人之ならいのやうに言来り候に　扣居義如何成（いかがなる）御了簡ぞや」或る人が、次のような疑問を言った。まず鎮めるのが奉公人。ここでの奉公人というのは、侍奉公。つまり、主人持ちの侍ということです。或る人の質問で、その主人持ちの侍は、まず喧嘩の場合には、取り鎮めることが一番大事だといわれているように思いますけれども、あなたのおっしゃるところでは、とにかく脇へじっと控えていろということですが、それは一体どういうことですか。「答曰　左様に人之申事に候得共　慥に其法と申儀も不レ承候」そうしろというふうに明文化されたものは聞いたことがない。「与得（とくと）考見候に」じっくり考えてみたところ、「双方より鎮候跡に　何と可レ致候哉　中をなをらせ候跡にて抜かけ候方は、あほう払」あほう払とは両刀を取り上げて追放すること。「あほう払之罪にあたり可レ申候」つまり、一端仲直りをした後で、さらにまた突然刀を抜いたりした場合には、それは明らかにあほう払いという罪に該当する。だから、そういう男の場合には、両刀を取り上げて追放するというのが当然である。「兎角奉公人は抜掛候刀は　ただは納悪く（おさめにく）候間」侍というものは、一旦刀を抜いたならば、もうそれを収めるということはできない。要するに決着がつくまでは、切り合いをせざるを得ない。そうするのが当然である。「切むすぶ程ならば不レ及ニ是非一為ニ討果一候より外御座有間敷候」どっちかが討たれるところまでは仕方がない。「様子により其場而切腹致させ　苦かる間敷候」そして、その後は、もし勝った方がきちんとした理由が立たないでそういうことをしたのならば、その男はその場で切腹ということにせざるを得ない。そうするのが当然であるということですね。ですから、この切腹ということ、しかも、明確な理由がなくて人殺しをした場合には、これはもう切腹せざるを得ないというそこまでのギリギリの心持ちといいますか、それが侍の心持ちであるわけです。ですから、先ほどの浪人や下層の町民の生活ぶりと、侍の生活。ここまで違う。これがはっきりとした江戸モデルの封建制であるわけですね。ですから、ここにいわば、武士の一分（責任）というようなこともはっきり出てくるところだろうと思います。

江戸の身分制の実態

そして、こういう侍と、一般町人や浪人者。そういう人たちとの心持ちの違いと言いますか、これをはっきりと定めたもの、それがどうも我々はかなり誤解をしているところがありまして、そのことを若干この後に申します。左側の方に、西川如見という人の『町人嚢』【資料9●巻末229】

頁】というものを引いておきました。これは、享保三年（一七一八）の刊行ですから、これは先ほどの宝暦や延享よりもうちょっと早い。十八世紀のはじめごろというふうにお考え下さい。そこでこの西川如見は長崎の人で色々と世の中を教訓する「教訓本」を書いた人ですけれども、その西川如見の『町人嚢』にですね、江戸の身分制について非常におもしろい記述がここに記されております。「人間に五つの品位あり。是を五等の人倫といへり。」これが要するに身分です。江戸の人間の場合に、身分というものが五段階に定まっている。「第一に天子、第二に諸侯、第三に卿大夫、第四に士、第五に庶人なり」庶人というのは庶民と言ってよろしいですね。だから、天子、諸侯、卿大夫、士、庶民。その五等の人倫、人間に五つの階層がある。それが身分だということをはっきり示しております。これは誰でも知っていることだと思います。「是を日本にていふときは、」これはつまり、五等の人倫は中国の儒教的な身分制において言われることであって、それを日本で当てはめたときにはどうなるかというと、「天子は禁中様、」天皇様。「諸侯は諸大名衆」お大名。「卿大夫は旗本官位の諸物頭、」これは、つまり、幕臣の役人ということになりますね。幕府直属の、徳川家のお役人、老中であるとか、若年寄であるとか、寺社奉行や町奉行であるとかそういうふうな役職にある人。それが三番目の卿大夫である。「士というのは諸旗本無官の等（ともがら）也。」ここで言う「士」武士というのは、徳川家のお侍。それも、官位のない役職のない無官の人。お大名はちゃんと最初の「諸侯」のところへ入りますから、大名以下の人たちですけれども、特に徳川家の旗本御家人。それを四番目の「士」と言う。更に諸侯を説明して「公方様は禁中様に次で諸侯の主たる故に、公方様の侍は無官たりといへども、生れながら六位に準じ給ふ例なり。」公方様というのは、要するに、徳川将軍ですね。諸侯の中の最高、司であるということで、その公方様のお侍、要するに旗本御家人。そういう人たちは、官位が無くても「生れながら六位に準じ給ふ例なり。公方様の侍の外は、諸家中ともにみな陪臣といふて、又内の侍いづれも庶人のうちなりと知べし。」ですから、徳川家以外の家の大名の侍たちは、「又内の侍」といって要するに庶民なんだということですね。ですから、侍に二通りあるということです。そのへんを我々ちょっと今まで見損なっていて、そういうふうな侍に二通りあるということを、あんまり考えていなかった。侍とさえ言えば、必ず上に立つものであって、そして支配階級であるというふうに考えていたけれども、実際には諸国のお大名の侍は、これは庶民なんだ。庶民というのは民ですから、これは支配される方になるわけですよね。一方に支配階級の「士」があって、もう一つ、庶民の中の「士」がある。そういう両方に「士」というものがあるということになります。「又内の侍」、又内の侍というのは、陪臣のことを言います。ですから、他の黒田藩の家臣だとか、あるいは何何藩の家臣というのは皆、この陪臣、またうちの侍ということになって、それは庶民だということです。「其内一国の家老たる人は、諸侯の大夫なれば、公方家の侍に準ずべし。」とありまして、それでも、いわゆる、黒田藩なら黒田藩の侍といっても、その中の家老だとかそういう役職にある人たちは、それは四番目の「士」というところに準じて考えればよろしい。「其外国々の諸侍、扶持切米の面々、いづれもみな庶人なり。」扶持・切米の面々というのは、領地・領民を持たない、いはゞ給料取りの侍、そういうのは皆庶民である。「扨庶人に四つの品あり。是を四民と号せり。士農工商これなり。」四民を士農工商。これは普通に言うことです。皆知っていることですね。しかし、陪臣の「士」というのが民の中に入っているということは、これは案外見落としてしまうと言いますか、「士」と言えば必ず支配階級であって、民と言えば非支配階級である。その民の中に士農工商の士が入っているというのは、意外な事と言いますか、それに気が付かなくて、これまできてしまったようなところがあります。「士農工商これなり。士は、右にいへる諸国又内の諸侍なり。」もう一回ここできちんと指摘をしています。つまり、ここで言う士農工商の中の「士」というのは、幕府の旗本御家人を除いた他の諸国の大名の家来。で、それは皆「民」なんだ。「農は工作人なり。今は是を百姓と号す。工は諸職人なり。商は商売人なり。」こういう身分の考え方というものがここに示されていて、これは享保三年の時点では、おそらく、ごく普通の理解の仕方だったはずだと思います。要するに、侍というものが支配階級の侍と非支配階級の侍、両方にあるということですね。これがやはり大きな、日本独特の支配階級と非支配階級、江戸モデル封建制というものを考えるときの大変重要な鍵になってくるんではないかと思います。そこで、「士」ということを考えますと、先ほどの『八盃豆腐』にみられるような「士」ということになると、ここまでギリギリの責任を常に考えていかなければならない。そういう生活を強いられているというのが「士」ですけれども。こういう考え方はどこから来たかというと、これはもうまさしく「武士道」というものですね。江戸時代の侍に与えられた絶対的な倫理観としての武士道の精神。これはどっちの「士」にもやはりきちんと子どものときから叩き込まれてきたわけです。ですから、「士」という場合に、そういう責任と言いますか、その侍の倫理観というものをきっちり植え付けるものとして、武士道があった。

江戸時代の武士道

その武士道というのはですね、今日お配りしました一枚目の下の段に、一応武士道についての考え方をまとめて記しておいたわけですが。これはやはり、新渡戸さんのあの『武士道』**【資料10●巻末230頁】**。大変有名な書物でありますけれども、最近はこの新渡戸さんの武士道に対しても、かなり色々と異論が出されたりしているところでもありますが。新渡戸さんの武士道というのはやはり、まさしく江戸時代の侍の倫理観というものを非常に正確にきっちりと述べられているものだと思います。だいたい新渡戸さんの武士道は、それは理想化されすぎているというふうに批判されまして。そして、本当の武士というのはこんなに理念化されたものではなくて、いわば、もっと切り盗り強盗のようなことがその始まりだったはずだ。だから、新渡戸さんのはちょっときれいごと過ぎるいうふうに言われるのが普通ですけれども、それは江戸以前の侍ということを考えたときには、まさにそうだろうと思います。江戸以前の侍の武士道というのは、まさに切り盗り強盗。それからまた、ちょっとでも隙があれば、すぐにその隙をついて天下を取るというような、そういうことであったはずです。しかし、江戸時代になりますと、武士というものがはっきり一つの治者、つまり「治める人」、治める側としての役割をはっきり担うことになるわけですから、今で言えば、政治家であり官僚であるわけです。つまり、江戸時代の武士というのは、三百年間戦争がないわけですから、基本は戦闘集団であることは間違いないと思いますけれども、しかし、実際の生活においては、これは完全に政治家であり官僚であったというのが、江戸時代の武士の偽らざる姿であるだろうと思います。そして、そういう武士及びその家族の全員に、女性は勿論、子どものときからとにかく叩き込まれるのが、それが武士道でありまして、そしてその江戸時代の武士道というのは、まさに新渡戸さんが書いていらっしゃる通りで、ほとんど矛盾なく、確かに、理想論的である、あるいは、理想化されていると言えばそうかもしれませんが、しかし、倫理を説いたものですから、そこに理想がなくてどうなるものでもない。当然理想であって、そしてその理想の形に近づくというのが、本来の倫理を説くものの当然の姿でもあるだろうと思います。ですから、武士道が理想化されすぎているというのは、ちょっと変な理屈になってしまうんで、武士道というものはやはり理想化されて当たり前のこと。その理想化されたものをここに新渡戸さんの文章の中から若干引いておきましたが、特に二番目。「封建制を専制政治と同一視するは誤謬である。（中略）即ち前者（専制政治）にありては人民はいやいや乍ら服従するのに反し、後者（徳川封建制）にありては「（前略）高き自由の精神の生くる心の服従」である」まあ、そう規定しておられます。これが、つまりヨーロッパモデル、中国モデル、ロシアモデルの封建制と、江戸モデルの封建制との違いということを、実にきちんと一言で説明しているところであるだろうと思います。要するに、「いやいや乍らの服従」か、それとも「高き自由の精神の生くる心の服従」であるかという、そこに違いがあるんだということですね。まあ確かに我々は近代の人間で、近代の考え方に慣らされ過ぎておりますので、その「高き自由の精神の生くる心の服従」だと言われますと、若干疑いたくなるのも事実でしょうが、これが本当なんですね。江戸時代の武士というものは、この精神を武士道としてとにかく植え付けられていた。だから、服従というような言葉を耳にしますと、あるいは目にしますと、我々そんな自ら喜んで服従するというようなことはあるはずがないと、ついつい思ってしまうんですけれども、やっぱりそこが江戸時代というものであるだろうと思います。「自由の精神の生くる心の服従」。それは侍だけではなくて、侍の家のご婦人達。それも皆そうであったというふうに新渡戸さんはここで書いて下すってます。そして、資料の一番。「即ち婦人が最も少く自由を享有したのは武士の間に於てであった。奇態なことには社会階級が下になるほど——例へば職人の間に於ては——夫婦の地位は平等であった」これはもう先ほどの『続人名』でみた通りですね。まさに夫婦の地位は平等である。それは、あくまでも庶民の中の士農工商の農工商の部分。そこのご婦人達は誠に自由で、夫婦の地位は平等であったということははっきりしていると。しかし、侍はそうではないということですね。三番。「武士道の全教訓は自己犠牲の精神によって完全に浸潤せられて居り、それは女子についてのみでなく男子についても要求せられた」。これは、新渡戸さんの『武士道』の、第十四章の「婦人の教育および地位」というところの文章ですから、女性の方を先に出してありますけれども、もちろん男性の方が「男子についても要求せられた」というのは当たり前のことで、むしろ男子がそういうことを要求せられるのに伴って、女性もそれを要求せられたんだ。そういうことがここではっきり述べられております。これが、やはり今我々が頭の中で考えうる武士道というもののひとつの理想的な姿であった。

自己犠牲の精神

そしてそこには、自己犠牲の精神ということがあります。まさに、その自己犠牲の精神というのが、一番大きなところ。だから、江戸時代の政治家や官僚は、すべてこの自己犠牲の精神をきっちり植え付けられていたということですね。ですから、そういうふうに上に立つものが、自己犠牲の精神、それは、前に引いた『八盃豆腐』で言えば、理由なくして人を切った場合は切腹という、最大の自己犠牲を要求されるということを忘れないならば、下の人間はそれを信頼できるわけです。そしてその信頼するという事によって、江戸時代の三百年続く平和というものが、そこで初めて担保される。だから、要するに江戸時代の平和というのは、これは明らかに身分制というものがあって、その身分制の中で、その上位の人間、治める側の人間に絶対的な自己犠牲の精神というものを、子どものときから植え付けていく。そういう社会体制というものがあれば、身分制というのは大変安定した社会体制を作り上げ得るんだということですね。

勿論世の中のことですから、江戸時代の侍にも変な侍はいっぱいいたと思います。しかし、それはいつの時代でもどの社会でも同じことですし、国文学研究資料館にも変な人はいっぱいいるであろうと思います。しかし、本当の意味でのきちんとした人というものの理想が、こういうふうな形で固められていれば、やはりそれになぞらえる、それに従う、あるいはそれを自分の本当の心の拠り所とするという姿勢は、これは当然生まれてくるわけですね。従って江戸時代は、下の人間も、つまり治められる側の人間も、武士という治者に対して絶対的な信頼を持っていた。だから、自分たちもできればあのようにありたいなというふうに思ったに違いないわけですね。それは、上のものが絶対的な自己犠牲の精神というものをかっちり持つからです。それは、おそらく江戸時代じゃないとそういうことを今更言っていても仕方がないかもしれませんけれど、しかしやはり現代の政治家、あるいは官僚というのは、やはりそこをもう一度考えなければ本当はいけないんじゃないか。まあ秘書が三人も逮捕されてて、自分は絶対潔白だと言い張るというそういう政治家は、おそらく江戸時代には全く通用しないと言いますか、そういうことであったろうと思いますね。

外国人が見た江戸の社会

で、そのことを外国人が見た例として、その横のところに渡辺京二さんの『逝きし世の面影』

【資料11●巻末230頁】。これは大変有名になった書物ですけれども、これは幕末から明治にかけて日本にお雇い外国人というのがいっぱいやってくるわけです。これは、それぞれの国の最高のエリート達が、日本を近代化するために呼ばれてきて、日本のもろもろの近代化を手伝った人たちです。その人たちは知識人ですから、何年か日本にいて国へ帰りますと、日本の旅行記であるとか印象記であるとかそういったものを必ず書いてそれが出版されている。約三百近くあるんだそうです。それを渡辺さんはひとつひとつ、まあ大半は翻訳されてもおりますけれども、まだ翻訳されていないものも結構ある。そういうものをずっと調べて、そして色んな項目立てをして、日本の農民だとか、あるいは婦人、女性。そういったかたちで項目立てをして、そこで外国の知識人がどういうふうに日本の社会情勢というものを見ていったかということを書いて下すったものですね。これはもう本当におもしろいので、この本はおすすめだと思いますけれど、今文庫にもなってておりますからいつでも手に入ると思います。一番。カッテンディーケという人の文章です。「日本の下層階級は、私の看るところをもってすれば、むしろ世界の何れの国のものよりも大きな個人的自由を享有している。そうして彼等の権利は驚くばかり尊重せられていると思う。」外国人が見るとこう見えたんですね。その次。「日本は専制政治に対する世界最良の弁明を提供している。政府は全知であり、その結果強力で安定している。その束縛は絶対であり、あらゆる面をひとしく圧している。しかるに、社会はその存在をほとんど意識していない。」だから、上から押さえつけられていることを、全然意識もしていないということですね。それは、絶対的な信頼があったからだと僕は思います。その信頼の源はやはり自己犠牲の精神。上に立つものが自己犠牲の精神を持っている限りにおいて、下のものは全部をそれに任せて、自分たちはごくごく自由な生活を楽しむことができる。それが、江戸モデルの封建制であるわけですね。三番。「農民の婦人や、職人や小商人の妻たちは、この国の貴婦人たちよりもより多くの自由と比較的高い地位をもっている。」これもそうですね。先ほどの『続人名』で見たようなまさにそういう感じの、下層階級のご婦人たち。大変な自由な生活を行っている。更には四番。「日本の農民のあいだに、最も自由で独立心に富んだ女性を見出すことには何の疑いもない。」これは、アリス・ベーコンという女性ですね。日本へ来て、東北地方やなんか、とにかく大変な田舎を一生懸命旅行して歩いた人です。そういう人が、自分の見たありのままの姿を述べて、農民の間に、先ほどの『続人名』は商人の妻ですけれども、農民の間にも「最も自由で独立心に富んだ女性を見出すのは何の疑いもない。」で、五番。「農民や商人の妻は、天皇の妻がそうであるよりずっと夫の地位に近い。」まあ、そのぐらい自由だということです。そして、六番にありますのが「(日本の中流以上の女性の性質) 不用意な観察者には見抜くことのできない、堅固な、ほとんど『きびしい』ともいうべき性質である。」つまり、これが新渡戸さんのいう武士の婦人、武士の女性、武士の家庭における女性のあり方。それが、「不用意な観察者には見抜くことのできない、堅固な、ほとんど『きびしい』ともいうべき性質」を持っている。これが、やはり最終的なところでは自己犠牲或いは自己規制に結びつくわけです。そのぐらい厳しい自己犠牲の精神というものを、頭からそれを教育によって受けて、そしてそれを当然のこととして取り入れている。だから、いわば自己犠牲ということが当然のことになっている。普通、現代の子どもたちに聞きますと必ず言うんですけれども、いわゆる自己実現と言いますか、今の我々が学生に聞くときの自己実現というのは、要するに自分のやりたいことをやるということで。ところが、江戸時代の女性の場合、特に侍の女性の場合、自己実現というのは要するに自己犠牲であるわけです。つまり、自己犠牲をきっちりやるということが自己実現であるという、新渡戸「武士道」の「高き自由の精神の生くる心の服従」というのが、まさにそれに当たると思いますが、それをアリス・ベーコンは見抜いているわけです。そういう精神と言いますか、それがはっきりとあった。そういうものが江戸モデル封建制をしっかり支えていたということが言えるだろうと思います。そして、こういう封建制というのは、おそらくですね、中国モデル、あるいはヨーロッパモデル、あるいはロシアモデルの封建制にはおそらく見ることはできないんではないかと思います。その一番の元は武士道ということにあったろうと思います。そして、その武士道の武士というのは、要するに政治家であり、それから官僚であるということですね。そういう政治家や官僚が武士道という倫理をしっかりと持って、自己犠牲の精神によって貫かれている限り、庶民は大変それを信頼して、楽な自由な生活ができた。そういうのが、江戸モデル封建社会の一つの大きな特徴であったのではないかと思います。

『武士の一分』という映画が確かありまして、で、それについて書かれたものを見ただけなんですが、どうもあの主人公の盲目になったお侍が女房の敵討ちをするという、それが武士の一分だというふうにどうも描かれているようですけれども、これは僕はちょっと違うんではないのかなという気がしています。むしろ、悪い方へまわった武士が最終的に切腹をして、自分の罪を切腹の形で清算する。それが武士の一分であるはずだと思います。その、女房の敵を討つなんてのは、これは武士の一分でも何でもない当たり前のことでありまして、それを武士の一分というふうに言われると、江戸の武士はちょっと違うじゃないかと言うんではなかろうかと思いますけれども、まあそこは近代の人間の考える武士の一分というのは、結局そういうところへ落ち着かざるを得ないのかなというふうにも思っております。しかし、そこいらはきちんと映画を見た上じゃないと勝手なことを言っても仕方がありませんので、今はそれだけにしておきます。

世界の中の日本

大体今日お話をしようと思うことは、かなりすっとばしてどんどん進んでしまいましたので、ちょっと分かりづらいところもあったかもしれませんけれど、大体申し終えたと思います。一つだけですね、残しておりましたその二枚目の方の一番下の段ですが、これは何の為にこういうものを出したかといいますと、要するに江戸時代というのは、何か非常に狭い島国で狭い国粋主義と言いますか、ナショナリズムと言いますか、そういったものに捕われていたはずだというふうにこれまで思われていた。それも一種の、江戸モデル封建制に対する誤解の一つの表れだと思いますが、ここで出しましたのはですね、片山松斎（しょうさい）という、ほとんどこれまで取り上げられたことのない、幕府の一御家人であります。旗本でもない非常に身分の低い御家人ですが、一方で司馬江漢に弟子入りして、蘭学にも詳しかった人です。その人が『国学正義編』**【資料12●巻末232頁】**という本を書きまして、それは文化十年ですからもう十九世紀に入った頃ですが、内容は、平田篤胤の『霊（たま）の真柱（みはしら）』（子安宣邦校注　岩波文庫　平成十年）を真っ向から批判したものなんですね。で、篤胤の『霊の真柱』はこれはもうご存知だと思いますけれども、とにかく日本の国というものがいかに優れた、万国に最も優れた国であるかということを一生懸命説き立てまして、そしてそこに西洋のいわゆる地動説まで取り入れて、そして太陽と地球と月と、その三つが縦に並んでおりまして、そしてその太陽は一番高いところにある。地球の中で一番太陽に近いところにあるのが日本であるということで、あとは月の方は、まあ要するに死んだ人が霊界と言いますか、冥界と言いますか、そういう人たちの行く場所として下にあると。そういう西洋の地動説までを取り込んで日本の優位と言いますか、日本が世界で最も優れた国であるということを力説したものです。これが大変なイデオローグになりまして、その後のいわば幕末から明治にかけての平田学派の日本の社会に与えたインパクト、というのは、大変なものになっていくわけですね。ところが、それに対して真っ向からそれを批判するということをこの『国学正義編』、まあ実はこの『国学正義編』も写本しかありませんで、活字にはなっておりません。僕はこの本は実は田舎で三千円で買った本です。値段はどうでもいいことですけれども、どういう内容かということですが、まずちょっとずつ読んでみます。

『国学正義編』を読む

「世界に本末を分て、我国を以て万国の本国と褒め、外国を末国と貶(おと)すが如きは、道理に於て当ることなし。其故如何といふに、大地は渾周凡一万八百余里の土丸水球なり。」土と水できた丸い玉だ。「此地球の四面に唐土・天竺・西洋・韃靼・朝鮮・日本等の万国大小の諸島囲付する事、」それが張り付いている。「球に画様を縫たるが如し。」いわば、玉に刺繍をしたようなものだ。「故に国土に上下本末聊も有る事なし。」国に上等の国と下等の国というのがあるはずがないじゃないかということですね。「又日本の天皇を万国の大君と称する事、甚以て不通の論なり。」とんでもない論である。「日本は独立の国にして山城の天皇は日本国の天子也。」これはまあ、京都にいらっしゃったんで山城の天皇と言っていますが。それは、天皇さんというのは日本国の天子である。「万国の天子に非らず。」世界中に通用するようなことではない「支那には支那の天子あり。独立する国は一国といへども独歩の天下なれば、其国王を天子と称するなり。蘭書に万国世界を記するに、天子国と国王と有り。汝も蘭学に通達すと自慢するからは、定て此儀をも識知すべし。」知っているはずだ。「何ぞ知らぬ顔して途轍もなき阿房を囀るや」何と言うことを言うのかということですね。「始めに生じたる人は父母も有る事なく、生々の気天地に満々たれば、溪間上窟(タニホラ)の鬱蒸より出生する事、今日湿地(ハキダメ)に太陽の気盛んに照し蒸時は、生々の気湿土に満々て、父母なき諸々の虫類を生るが如し。〜天地開闢に生(ウマル)る人は全く禽獣に異なる事なし」これは篤胤が、我国の古代というものをもの凄く立派な国だというふうに考えて、そしてその古代、これは篤胤のみならずそれこそ宣長辺りからずっと育んできたものの考え方ですけれども、そういうことを言っているのに対してとんでもない話だと。要するに、天地開闢に生まれた人というのは、要するに獣とほとんど変わらなかったに違いないよという、今日の我々からしてみれば、誠にその通りというようなそういう発想をきっちり持っている人ですね。「古事記・神代巻は人事を仮て造作の理を説き、日本一国の開闢を述たる也。万国の開闢を云るにあらず」これも、篤胤が古事記や日本書紀というものに、全世界の成り立ちがちゃんと書かれているというふうに言った。それに対して、とんでもない、古事記や日本書紀なんてのは日本一国の開闢を述べたもので、世界の開闢を述べたりしたものではありませんよというものです。「神代といふは大古の別名也。」神代というのはいかに優れた時代であったかということを、宣長、篤胤が盛んに言っていたわけですけれども、「神代といふは大古の別名也。野に処(オ)り穴に住て衣服もなく火食もなし。」火食というのは火で炊いてものを食べるということですね。「今の奥蝦夷の地、並に東方亜墨利加(アメリカ)の辺地など神代といふべし。」まあ北海道の奥地か、アメリカの僻地の方。そういうところに住んでいる人たちは、まさにそれが神代の人と言うべきでありましょう。「汝等神代といへば滅多無性に有難かれ共、我は然らず。神代は一向羨むべきものにあらず。」神代などというのはそんなにうらやましがるような必要は全くありませんよ。「日本の万国に勝れたる事は、先哲の論」これはケンペルの『鎖国論』なんかを指すわけですけれども、「論ずる所、しかりといへ共、」日本が神国などと言うことは、これは全く通用しません。引用をひとつとばしまして、もうあんまりこればっかり読んでいてもあれですが、その後の方、「今時、地動の新説海内に流行し、」要するに地動説というものはもうすっかり皆が良く知っている。「談天者流皆此義を信用し、天下の諸人も粗（アラマシ）地の旋（メグ）るといふ説（コト）を識る世の中に、」談天者というのは天文学者、要するに、そういう江戸時代の天文学。天文学者ならずとも皆地動説ぐらいは知っております。その中で「我は西説に依るに非ず、西説我古伝説に似たる也といへるは、誰か是を信ズル者あらんや」つまり、西洋の地動説が初めて伝えられて、そしてそれによって色んなことを考えるとこうなると説明されるのが普通だけれども、篤胤は西洋の地動説がまさに神代の巻、古事記に述べられている通りなんだと。だから、神代の巻は西洋の説に先がけて素晴らしいということを盛んに言ったわけですけれども、しかし、そんなことを今頃言っても誰がそれを信用するものがあろうか。そういうふうにはっきり否定しておりますね。「日本の開闢（かいびゃく）、漢土に後れたり共、さのみ本朝の瑕瑾（かきん）にも非ず。」瑕瑾というのは、傷ということですね。ですから、日本が開けた、日本が始まったのが、中国より千年、二千年遅れたと言うけれども、しかし、「さのみ本朝の瑕瑾」そんなことは別に傷になるわけでも何でもありません。「又日本の開闢唐土に先つとも日本の名誉とも成べからず。」まあ例えば逆であったとしても、何も名誉に思うことでも何でもありません。「誇（こ）

耀するが如きは、」誇耀というのは、誇り、高ぶること。「皆小智小見のなす所にして大人のいふべき事にあらず。」大人はそんなことは言いませんよと。

江戸人の世界感覚

これは全く現代の我々の感覚と同じ感覚を、この一八一三年、十九世紀の初めのところで、もう既に江戸の知識人たちはちゃんと考えていたということですね。ですから、江戸の知識がいかに遅れていたかというのは取るにも足らないことでありまして、そして、既にそういった西洋の説がどんどん取り入れられて、そしてそれに対する翻訳だとか、あるいはそれに対する考え方だとか、そういったものもいくらでも出てきているときです。まして、世界地図などというのも、もう誰でも知っていると言っても良いような状況ですね。例えば、高橋景保の作った有名な世界地図があります（197頁参照）。あの世界地図はちょうど、この文化六、七年ぐらいでしょうか。一八一〇年前後にできたものですが、これ銅版で大変立派な二メートル四方の大きなものですけれども、それなんかは作られた当時に於いては、世界一の精密な世界地図であったというふうに言われております。これが世界一というのは、北方の間宮海峡を、きちんとあそこがその海峡になっているというのを正確に図示しました大変有名なものですけれども、そういう世界地図は当時他になかったわけですね。高橋景保の世界地図そのものは、イギリスのアロースミスという人が作った世界地図を元にして、それを地名やなんかを全部日本語に直して、そして更に、間宮海峡とかそういったものの細かな部分の訂正をして、そして作り上げた立派な世界地図。そういうものを、当時の庶民の皆が知っていたかどうかは分かりませんけど、お大名でしたら殆んど必ず高橋景保の世界地図は持っていたに違いないわけですし、そういうものを広げて世界のありさま、世界の姿というものを充分に知っていた。それが江戸時代というものであるわけですね。ですから、その中でまあ平田篤胤のような説が大変なイデオローグになったということは、これは、歴史のダイナミズムと言っても良いんでしょうか。歴史というのは本当のことを必ずしもそれが正しく受け入れられるわけではなくて、やっぱり篤胤のようなうわっと庶民の血肉が沸き上がるような、そういうことを言う方がより受け入れられ易いということは、当然あるだろうと思いますけれど、しかし、一方で、片山松斎のような知識人ももう江戸には大勢いたに違いないわけです。そして、そういう人たちがこういった著作を残してくれている。それも、江戸の封建制というものの一端を考える上でも大変大きなポイントになるんではなかろうかと、そう思っている次第であります。そして、こゝでも、そういうものを読むリテラシーの回復を、何としても訴えていきたいのです。

第四章

近世的自我

思想史再考

江戸思想史再考

今日は、江戸時代の思想史というものが何か、こう、動脈硬化を起こしていると言いますか、もう長いこと決まりきった筋書きで考えられてしまっているところがございます。そういうことを少しきちんとしておかないといけないんではないか。思想の流れといいますのは、やっぱりそれが時代の文化の根幹でありまして、その根幹の部分がきっちりして初めて自由な発想というようなものも、文化というものも、できるだけ広がっていける。前にも「雅」と「俗」という範疇のことを申しましたけれども、まさにその「雅」の文化のさらにその根幹を成すものが、やはり思想の流れというようなものであるだろうと思います。そして、それがしっかりしておりますと、その「俗」の方も、これもこの前申し上げたと思いますけれども、一種のクレーンのようなもので、根幹がクレーンで言えば土台に当たるわけですよね。そして、それが「雅」の文化であると。そして、一方クレーンの腕木の部分がいわば「俗」の文化でありまして。それは、今の言葉で言えば、サブカルチャー。メインカルチャーが「雅」の部分である。「雅」の部分のメインカルチャーの錘りがしっかりしておりますと、「俗」のサブカルチャーというものもどんなにでも自由に腕木を伸ばすことができる。メインがしっかりしておりませんで、サブカルチャーだけがどんどん腕木を伸ばしますと、必ずひっくり返ってしまうわけですね。そこのところのバランスがやはり問題なんでありまして。まあ江戸の文化というのは、まさにそういうバランスが非常によく取れていたと。それも、一番バランスの良くとれた文化が十八世紀の文化であったというふうに考えて、そういう意味で、十八世紀を江戸の最も成熟した文化というふうに考えるべきなんだということを、前から申し上げていたわけであります。

雅俗のバランス

そして、戦後は江戸文化といえばほとんど「俗」の領域の文化ばかりが取り上げられて、そういうものだけが江戸の文化であるかのごとくに言われてきましたけれども、そうではなくて、やはり、「雅」の文化というしっかりしたものがあったんだと。そしてそこから自由に羽ばたいて、腕木を伸ばせるだけ伸ばして色んな面白いものを作りあげていったのが、江戸の「俗」の文化である。だから、これ迄は（特に戦後は）その腕木の方ばかり問題にされておりまして、根幹のところをきちんと理解して来なかったのではないか。ただその根幹のところに当たります所謂思想史とでも申しますか、江戸時代の思想の流れと申しますか、そういうものを非常にありふれた、と言うと怒られるんですけれども、とにかく、これまでに出来上がった見方から一歩も出ないような状況が続いていたのではないか。しかもその出来上がった見方と申しますのはですね、明治の初めの頃に井上哲次郎先生という方がおられましたが、その先生がつくりあげられた思想史の分野と言いますか、ジャンルと言いますか、それからほとんど一歩も出ていないんじゃないかというぐらい、凝り固まった考え方になってしまっていたと思います。ですから、それをちょっと視点を変えて、本当にそうなのかということをもう一回考えてみようというのが、今日のお話のテーマになるわけでございます。

近世仏教思想研究への期待

もちろん思想ということになりますと、江戸以前はまあ仏教思想というものが何よりも中心であったわけですが、江戸時代は要するに儒教思想の時代であると。これは動かないと思います。もちろん、仏教思想も儒教思想と相まってずっと流れてきた到達点というものはもちろんあるわけでありますから、これも非常に実は重要な問題である。ところが、江戸時代の仏教思想ということになると、これまた辻善之助以来まったく動いていないと言ってもいいようなことで、所謂江戸時代になると権力にすり寄って、葬式仏教みたいなものがどんどん広がっていった。もう江戸時代の仏教思想というのはほとんど見るにたるものはないというようなそういう決めつけがですね、仏教思想に対しても行われている。これも実は大変大きな間違いだと僕は思っております。やはり、江戸時代の仏教思想と言いますのはですね、過去からずっと繋がってきたそれなりの発展を遂げて、そして深まりを遂げて、江戸時代ならではの仏教思想というものがきちんと出来上がっていると思います。ただ、これはですね、私のような浅学非才といいますか、全く疎い人間にとっては、なかなかそれを整理してさらに新しい考えを打ち出すというには、全くの力不足だと思っております。ですから、僕は近世の仏教思想に関しては、やはりこれからですね、若い方がどんどん出てきて頂いて、そしてそういう方が新鮮な目で新しい近世仏教の到達点というものを、論じて頂きたい。そういう余地と言いますか、そういう部分は山ほど残っているというふうに申し上げてよろしいかと思います。そして、それをまあそっちの若い人に丸投げしてしまうということは誠に心苦しいんですけれども、その辺のところはこれからの方に是非やって頂きたい。

本当に朱子学中心なのか

そういう仏教思想というものと別に、今申しました儒教思想。その儒教思想というものの受け取り方が、またあまりにも硬直したかたちになってしまっていた。例えば、江戸時代の儒教思想は何が中心か。誰に聞いても朱子学というふうに必ずおっしゃると思います。それは本当なのかということですね。朱子学というものだけで江戸の儒学を、本当にそれで考えていっていいのか。そういう疑問というのはこれまで一回も聞いたことがないんです。皆さん、江戸の儒学というのは朱子学を中心にして、ほとんど朱子学一辺倒といっても良いようなかたちがあって、それがまあたまたま元禄前後から、伊藤仁斎（じんさい）、荻生徂徠（そらい）というような人が出てきて、そして朱子学を徹底的に批判する。そういう捉えかたが明らかにあった。仁斎、徂徠の古学派は非常に日本独特のものであって、そしてそういう日本独特の朱子学批判というものが、やがてある一定の実りを示すけれども、しかし残念ながら徂徠学というのはやはり色んな意味で儒学の範疇を少し乗り越えてしまったと言うか、外へ飛び出してしまったようなところがあって、結局徂徠学というものもイデオローグとしては大変な働きを示したけれども、やはり途中からやっぱり朱子学だということになって、例の寛政の改革とかそういうものではっきり徂徠学批判が打ち出されて、そしてまた朱子学へ収斂していったと。だから、結局はその徂徠学というのは一種の非常に日本的な儒学として華々しく出てきたけれども、結局は朱子学へ吸収されて消えてしまった。そういう解説がこれまでの日本儒学史のパターン化された理解であったと思います。そのへんのところはちょっとお耳遠いところかもしれませんけれども、これは日本思想史にご興味をお持ちの方であれば、私が今申し上げたことはそんなに間違ったことではない。多分、ああそうだったなあと頷いて頂けるようなことであるだろうと思っております。私はそれに関しましてですね、本当に朱子学が中心で良かったのか。これは有り体に言えば、むしろ、陽明学の方を中心とした方がわかり易いんじゃないかというふうに考えるようになりました。そのことについて実は今日、お話をしたいと思っております。

陽明学を基本とした江戸儒学

陽明学といいますのはですね、これもまた当然日本でも受け入れられています。しかし、受け入れられたけれども、陽明学というのはなんか非常に変わった儒学の流れを示しているんで、時々ぽっと現れて、そして一時的にわっと華やかになって、そしてまたひっそりなってしまう。それからまた、何かがあったときにまたぽっと出てきて、最後のところは三島由紀夫の存在でも分かりますように、まあ三島由紀夫辺りまで流れてきているけれども、それもまたああいう形で非常に華々しく自爆するような、そういう思想の流れだというふうに捉えられてきたのがこれまでの日本陽明学というものだったと思います。これも、私にはちょっと疑問があるところでもあります。むしろ、仁斎の学問や徂徠の学問というものも、ベースに陽明学というものをおいて考えれば非常に良く分かってくると言いますか、大変理解しやすいところがあるんではないか。そして、それが実は江戸の儒学なんだと。これまではですね、儒学といえば中国の学問ですから、中国の儒学の流れというものに大変配慮する、そちらの方を中心に考えるのが当たり前だというような理解でずっときていたわけです。ですから、中国の儒学の流れ、それを日本でもとにかくそれを一生懸命追いかけていた。そして、中国ではまさに朱子以来ですね、朱子学というものが絶対的な国の教え、国教とでも申しますか、絶対的な権威を持ったんで、中国では確かに朱子学が中心であった。そして、陽明学でありますとか、仏教や老荘の哲学だとか、そういったものは皆異端だというふうに言われて、朱子学中心。その他はすべて異端の学であるという受け取り方が中国ではなされたので、日本もそうであったに違いないというふうに理解されたんだと思います。それともう一つはですね、そう考えざるを得ないもう一つの理由は、日本で儒学の流れを勉強するという方は、これは大体中国思想史の研究者。そして、そういう方にとっては、中国の儒学の流れは非常に気になるし、またそれをしっかり勉強しなければならない。しかし、日本はそれの真似をしてただけなんだから、要するに、日本は二の次だというのがこれまでの中国思想史の世界ではほとんどそうだろうと思うんですね。これもまあ致し方のないこととは思いますけれども。だからそういう方々にとっては中国の儒学を研究するというのが絶対的に第一でありまして、日本は二の次三の次というような状況でした。あくまでも中国の儒学というものの研究が本筋であって、日本はまあ暇があるときにはそっちの方でもちょっと見ましょうかというような、そこまで言ってしまうと怒られるかもしれませんけれども、そういう気配が、私のように全くピント外れのところから見ておりますと、そういうふうに考えざるを得ないような状況があったと思うんですね。

江戸モデルの儒学という視点

しかし、日本には日本の儒学というものがあって少しもおかしくないはずです。しかも、日本が儒学を受け入れた流れから見ましても、とにかく千年近く日本では日本なりの儒学の受け入れ方をしているわけですから、それがたまたま中世までは仏教が強くて、儒教の流れというのは、案外脇に追いやられていたところがありますけれども、江戸時代になりますと、この儒教が中心的な存在になってくる。おそらく日本の思想の流れの最も中心を成したのは、江戸時代においては間違いなく儒学であったに違いない。そうなると、やっぱり江戸の儒学者が考えた江戸的な儒学というものが当然あるに違いない。そう考えるのが当たり前だと思うんです。ところがこれまでは、江戸的な儒学なんてのは、ほとんど蚊帳の外に置かれるという状況が非常に強かった。ですから、あの明治のはじめに井上哲次郎先生が作って下さったその大きな枠、その中でだけものを考えるというのが当たり前になってしまっていたと思います。そこへ、たまたま荻生徂徠というような存在が非常にクローズアップされた辺りから、日本の儒学というようなものもちょっと考えてみる必要があるなという状況が出てきて、で、現在に至っているということだと思います。ですから、僕はこの前のお話のときに、封建制ということで、江戸モデルの封建制というものを考えるべきではないかということを申しました。これも全く同じパターンだと思います。

江戸モデル封建制

つまり、封建制ということになりますと、これはもう外国モデルの封建制。まあ例えばヨーロッパモデル、あるいはロシアモデル、あるいは中国モデルの封建制というものがまず先にありまして、そして、封建制という以上はおそらく日本の江戸時代の封建制もそれと全く同じように考えるべきだというような、そういう発想が当たり前のことになってしまいました。しかし、それも大変おかしな話で、江戸時代は江戸モデルの封建制というものがあったに違いない。そして、それはやはり、ヨーロッパモデルや中国モデルやロシアモデルの封建制とは随分大きく違った封建制であったに違いない。そういうふうに申しまして、それの一番ポイントになるのはやっぱり武士道というような、そういう支配者の倫理観というようなものをそこへしっかり植え付ける、ということが大きく作用している。その武士道の中身というのは、まさに新渡戸さんのあの『武士道』で、江戸時代の武士道というものはあれで充分理解できる。そして、それをさらに証明したのが渡辺京二さんの『逝きし世の面影』に出てくるような、外国人が見た日本の状況。新渡戸さんが書かれている『武士道』の中で力説されたような、そういう日本人の心の持ち方、心性と言いますか、そういうものがぴったりそこに一致している。だから、やはり外国人も、日本の封建制はちょっと違うぞと。自分たちが経験したような封建制とはまるで違うものがある。だから、自分たちは日本を近代化するために雇われて、ここまで一生懸命やってきたけれども、本当にこの国に自分たちのような近代化を進めて、それでいいんだろうかというようなところにまで、彼らは考えを進めているわけですね。まさに彼らの考えている西洋モデルの封建制と、江戸モデルの封建制とが違うということがはっきり分かったんで、彼らにそういう思いが生まれたんだと思います。

然るに、日本の研究者は、皆外国モデルで考えるのが当たり前ということになってしまっておりましたので、なかなかそういうところまで考えが及ばなかった。ですから、なかなか、そこから出ることができなかったと思うんですけれども、私はやはりこの前申し上げましたように、江戸モデルの封建制というものを考えざるを得ない、考えなければおかしいんだということを、私はここで申し上げたと思います。今回の朱子学云々の思想史に関しても、全く同じパターンですね。これまでは、中国モデルの儒学というものに、日本の儒学、江戸の儒学を無理矢理合わせて考えようとしていた。で、それでは、本当のところの日本の儒学の日本らしさと言いますか、江戸らしさと言いますか、そういうところが見えてこない。それをきちんと理解するのが、やはり必要であると考えてそのことを今日はお話をしようと思っております。

近世的自我

その一つの表れとして、ここに「近世的自我」ということを書きましたけれども、これはまあなんだかあんまり熟さない言葉で、我ながら恥ずかしいような言葉遣いになっておりますが、単純な話でありまして、要するに、「近代的自我」というものがあるんであれば、じゃあ「近世的自我」というものがあっても少しもおかしくないじゃないか。あるいは、中世的自我でも構わないわけですし、平安的自我でも構わないわけですし、何でもいいんですけれども。とにかく、その時代時代に即して「自我」というもの、「自分」というもの、「私」というものをどう考えるかということは、少しでものを考えようという人間がいれば、当然それは考えたに違いない。ところがどういうわけか、江戸時代というのは、何かそういう「私」の存在というものが非常に軽んじられた時代であるとか、あるいは、そういう思考がほとんど深まりを持たなかった時代であるとか、そういうふうに大体これまで論じられてきたわけであります。これは、やはりとんでもない話であって、江戸には江戸の人としての、江戸人としての「自我」に関する、「私」に関する理解の仕方というものが非常に深く存在した。そして、そういう考え方を生んだ一番の基本になったのが、私は朱子学ではなくてむしろ陽明学ではなかったかというふうに考えているわけでありますす。ですから、そういうことを、これから朱子学と陽明学というようなことは、ちょっと皆様方のお耳遠いことになってしまいますので、もうちょっと別の切り口からそこのところを考えてみようというふうに思っているわけであります。

ただし、その朱子学と陽明学というようなことから始めないと、ちょっと話がちぐはぐになってしまいますので、その辺りから話さして頂きますけれども、ここには「狂者（きょうしゃ）」という言葉と「畸人（きじん）」という言葉を、もっぱらキーワードとして使っております。「畸人」の「畸」というのは、奇人変人の「奇」とは違って、田んぼの田という字が偏にくっついておりまして、それが思想史上のキーワードとして浮かび上がってくるわけです。「狂者」と「畸人」。この二つの言葉を切り口にして、江戸時代の特に十八世紀に顕著になります近世的な自我意識というようなものを、見ていったら案外分かり易いんではないかというふうに考えておりますので、そういうところを中心にしていきたいと思っております。

思想史、特に儒教ということになりますと、これはもう江戸の全般を覆って、文化のあらゆる層にまで、この中華風と言いますか、中国風と言いますか、それが基本になっていると言ってもよろしいだろうと思います。前に「雅」と「俗」というようなことを申しましたけれども、「雅」の文化にしろ「俗」の文化にしろ、やはりその一番はなやかなところはですね、中華趣味、そういうものがすべてを覆っている。これはまあ致し方のないことで、日本という国は元々そういうところですから、先進国のそういった文化をとにかく取り入れる。取り入れて、それを日本流にお料理してアレンジして、そこからつくりあげるという、これは、もう日本の特性と言ってもよろしいわけです。ですから、それは少しもおかしなことではなかったと思います。ただし、その中華趣味というものに関してですね。近代の我々は、どうもかなり誤解してしまっているところがある。何か中華趣味というのは、今の感覚で言いますとですね、中華料理屋さんのラーメンの丼にあるような、ああいうなんかこう卍模様みたいなやつで、赤の毒々しい、非常にしつこい、極端に派手なと言いますか、そういったものが中華趣味だと思い込んでしまっているところがございます。

本当の中華趣味

それは、かなり見当違いであるということを示すために、実は先ほど申しましたカラープリントをそこへ一枚入れましたわけで。ですから、これから私がお話しする一番ベースのところで、本当の中華趣味というのはどういうものかということを、特に江戸時代の人の受け入れた、理解した中華趣味というのはどういうものであったかということを、少しビジュアルにと言いますか、色の付いたもので理解して頂いておいた方が良かろうと思いまして、こういうものを一枚入れてみたわけであります。で、この右側のですね、これは下のところへ書いておきましたように、『十竹斎箋譜』【資料13●口絵】と申しまして。で、これ崇禎十七年（一六四四）の中国の出版物であります。「箋譜」といいますのはですね、「箋」というと便箋です。手紙を書いたり、詩を書いたりする、その用紙として作られたものです。ですから、本来はこういうもうちょっと広い紙にですね、こういう色刷りの模様が片隅にだいたい付けてあります。あんまり文字を書くときの邪魔にならないように、全体の左の端とか、右の端とかですね。そういうところにそっとおいてあって、で、大きな余白のところに文字を書いたり詩を書いたりする。特にこの『十竹斎箋賦』は、詩箋と申しまして、漢詩を書く。漢詩を書いて、それを人に送ったり、示したりするときの、用箋として使われたものです。一六四四年ですから、十七世紀のとにかく最初の頃で、まだ日本ではこういう色刷りというものが全く作れなかった頃です。そのころに中国ではこういう色刷りの立派な詩箋をごく日用品として使用していた。そして、ここにあらわれておりますこの色目を見ましても、現代の我々が考えている中華趣味と言いますか、そういうものとはほとんどかけ離れた、非常に上品な色使いと言いますか、そういうものだとご理解頂けるだろうと思います。これはもう、先ほど言いましたような中華そばの丼の模様とはまるで違う、これだけ洗練された色使い。そして、洗練された日用雑貨というものが江戸時代の人の受け入れました中華趣味の最も基本的なところになるわけです。それも全くの日用品ですから、日用品の中にこういう趣味というものがしっかり受け入れられていた。それを日本でもまず受け入れたわけですね。

黄檗(おうばく)文化の受用

こういうものが特に入ってきましたのは、やはりちょうど明清交代の、明朝が滅びて清朝になります、そのちょうど交代の時期のとき、元禄よりも更に五十年ほども前になりますが、例の黄檗宗の隠元さんとかそういう人たちが、ごっそり日本に移住してくる。これはもちろん明清の戦乱を避けて、まあしばらくでも避けて日本にちょっと避難しようと、緊急避難のようなかたちでこられたわけですけれども、それがたまたま長崎で、長崎の唐人たちが長崎に立派なお寺を建てて、そこの住職を是非中国から呼びたいという思いとちょうど合致しまして、それで、当時中国の黄檗宗の一番の存在であった隠元さんが、自分たちの周辺の色んな職人とかそういう人たちまで全部引き連れて、日本に渡って来られたんですね。ですから、日本でも、それまではたまに中国へ遣唐使ですとか遣隋使だとかいって行ってた人たちが、辛うじてなにがしか中国の文物を日本に持ち帰るというぐらいのことはやられていたにしても、まとまった形の中国の生活文化がそのまま入ってくるというようなことは、まずあり得なかったわけですが、これが、たまたま黄檗の隠元さんの一行が来られたことで、実現しまして、そして、その人たちの文化というものを見てですね、日本のまずは西国のお大名たちが飛びついたわけですね。で、その人たちの手紙やなんかにも皆こういう詩箋で、まだ日本では色刷りなんて全くあり得ない時期にこういった色刷りの立派な趣味の良い詩箋などを使ったそういう高度の生活文化がそのまま渡ってきた。

檗癖(ばくへき)大名　檗癖貴族

そうすると、それに対する大変なあこがれと言いますか、そういうものがまず日本のお大名たちの間で大変流行りまして、一種の黄檗癖とでも言いますか、黄檗好き、黄檗趣味、そういう人たちがお大名の中に、皆がそれになびいていきまして、西国からだんだんに中央の方へ伸びていく。そしてやがて京都へ。京都では関白の鷹司さんが自分の領地を差し出して、そこに黄檗の万福寺という本山を建てる。そして同時に、そのころは御水尾帝（ごみずのお）は退位されて、院政を敷かれていたわけですけれども、御水尾院までが黄檗に帰依すると。天皇さんが、御水尾さんという当時の最高の知識人であったその方が、黄檗宗へ帰依されるということになってくるわけです。それはおそらくですね、黄檗文化をとにかく受け入れたい。黄檗文化を吸収したいということが何よりのことだったと思います。そして、その一番具体的な例が、ここにあるこういう詩箋に示されている。それをそのまま受け入れたい。そして、やがては江戸まで行って、その江戸にも黄檗の寺院がいくつも建てられるというような、そういうことになって。で、いわゆる、江戸の支那趣味、中国趣味、中華趣味というのは、最初の出発点のところでは、黄檗趣味であったろうと思いますね。そして、こういう非常に目に鮮やかな色彩を持って示される。と、そういうものをそのまま取り入れていったのが、実は日本の浮世絵の出発点にもなるわけだろうと思います。ですから、多色刷りの浮世絵というものもですね、これは大体中国の『十竹斎箋譜』なんかと比べますと、約百年遅れます。日本でそういう色刷りができるのは。で、それはやはり、こういうものを向こうでは生活の中で使っている。なんとか日本でできないものかと当然考える。そして、考えつかれたのが浮世絵のような色刷り版画というものの出発点になるわけです。

色刷り略暦「大小」の流行

その色刷り版画のひとつの出発点として、こっち側に置いておきました。これは、天明九年の「大小」【資料14●口絵】とそこへ説明しておきましたけれども、これはお大名と、そのもうひとつ下の旗本や御家人といわれるような、徳川幕府の直属の侍たち。そういう人たちの間で、実は、天明九年から勘定しますともうちょっと早いところですけれども、明和ごろ（一七六四）からですね、大変流行しましたものに、この「大小」というものがありまして、これは要するに簡単な暦です。暦ですけれども、判じ物の暦で、お正月の年賀状代わりにこういうものを作って、皆で交換会みたいなものを開いて、お互い交換していた。ちょうど我々が、年賀状に色んなクロスワードパズルだとか、なんかそういうものを考えて、お互いやりとりをしますね。まさにそれと同じようなことです。「大小」といいますのは、江戸時代は旧暦ですので、毎年大の月と小の月が違うんですね。今は、「西向く侍」で、大の月と小の月がはっきり固定していますけれども、陰暦の場合には毎年違います。しかもそれに閏年なんてのが挟まりますから、十三ヶ月ある年もいくつもある。そうすると、今年は何の月と何の月が大の月、何の月と何の月が小の月という、まずはそれが分かるのが、暦の一番最初の基本的なことになるわけですね。その年の「大小」を色んなことを考えまして、判じものの絵にして、その絵を配る。その絵をこういうふうに色刷りにして配るというのが、お侍の一つの慰みでもあったわけです。で、この天明九年の「大小」。左側の方はですね、上に鶏がとまっておりますが、これは酉の年ということです。天明九年、酉年。で、そして、その横に太鼓のようなものがありまして、それに蔦が絡まっておりますけれども、この蔦がですね、実はその年の大と小を示している。で、上からずっと見ていきますと、一、二、三、四、五、六、七、八、九、十、十一、十二、十三。蔦の葉が十三枚あります。そして、その蔦の葉に大きい蔦の葉と、小さい蔦の葉があります。これが、つまりその年の「大小」を示している。で、上の一月が大きい「大」。二月「大」。三月「小」。四月「大」。五月「小」。六月「大」。そして、実は、六月の「大」の下に、ごく小さいのがありますが、これは閏月です。ですから、六月に「小」の閏が一つある、そして、七月「小」。八月「大」。九月「小」。十月「大」。十一月「小」。十二月「大」。そういうふうに見るわけですね。年賀状代わりにこういうものを考えて、そしてそれをちゃんとした浮世絵の絵師に描かせて、まあ自分でおそらく下絵ぐらいは描くわけですね。そして、それをきちっとしたものに浮世絵師に頼んで描かす。それを、色刷りにして皆に配る。おそらくですね、毎年三百枚から五百枚ぐらいはできていたと思います。つまり、三百人から五百人ぐらいの御家人や、あるいは旗本が、こういうものを作って、それでお互いの間でやりとりをしていた。まあ、一種の遊びなんですけれども、その遊びの中にこういうものが取り入れられて、これが浮世絵の元になるといわれているわけです。つまり、こういうところで、色刷りの技術がどんどん発達していって、そして、現在我々が普通に見ております錦絵の段階にまで発展していく。だから、その浮世絵の元が「大小」。

浮世絵の色目と箋譜の色目

そして、この大小の色目と、その横の『十竹斎箋譜』の色目と比べて頂きますと、これはいかに良く似ているかということもお分かり頂けるだろうと思います。要するに、デザインというよりは、色目の問題ですね。デザインは中国の詩箋は詩箋なりの一つのパターンがありますし、それからまた「大小」は「大小」で色々考えられておりますけれども。だから、絵のパターンというよりは、色目の問題でいきますと、私はこういうところに中華趣味というものがそっくり取り入れられている。だから、江戸の浮世絵は、今や江戸を代表する最も江戸的な美術というふうに考えられておりますけれども、その大元がやはりこの中華趣味というところにあるとお考え頂ければ、いかに日本の文化の中に、中華趣味というものが広がっていったか、で、それを土台にした日本の江戸時代の文化というものが花開いていったかということは、充分お分かり頂けるだろうと思います。

日本の江戸の中華趣味。それが、どういうことであるかということを今申し上げまして、そして、そのベースになった中華思想。中国の思想、儒学思想。そういうものがさらにベースとしてあるということ。そして、その中華思想を江戸的にどういうふうにアレンジして取り入れたかということとのお話が、これから始まると思って下すってよろしいわけです。例によって雑誌「本郷」の「近世的自我ということ」という私の文章をそこに示しておきましたけれども、これはまああとで読んで頂けばよろしいかと思います。

「朱子学」と「陽明学」

朱子学という学問のですね、人間観と言いますか、人間というものをどういうふうに捉えるか。これはまあ、朱子学の解説書にはどこにでも出てくることですので、私のような一知半解の人間がいい加減なことを言うわけにも参りませんけれど、朱子学で、人間の心というもの、それを考えますときにですね。「性」と「情」というふうにはっきり分けまして、人間の心にはその「性」と「情」の二つの範疇があって、そして、その「性」というものは、これは本然の「性」と気質の「性」という、「性」の中にもまた「本然の性」と「気質の性」と分けるんですけれども、これはまあ大雑把に言いますと、要するに、「性」というのは天と繋がった道理というものを持っている。だから、人間には天から与えられた本然の性というものがあって、これは天理と繋がっている。で、良いものである。まあ、本質的に、性善説ですから、朱子学の場合ですね。その性善説というときの、性が善なるものであるということは、まさにそういうところで示されている。一方で、「情」というのがまたある。例えば、七情といわれるような七種類もの煩悩と言いますか、色んなものがあって、その「情」の方は、これは、人欲と言いますか、欲望と繋がってしまうんで、したがってそれは悪いものである。だから、朱子学的に言えば、その本然の性を、天から与えられた善なる性を、とにかく一生懸命心の中で涵養すればよろしい。そして、その情欲、人欲、人間の欲望と繋がった情の方は、とにかく切り捨てて、できるだけそういう欲望を抑えるということを行わなければいけない。それが人間の努めである、というふうに朱子学の方では説明をしていったわけですね。で、朱子学を、信奉する限りは、それを絶対的な事柄として、自分を涵養していく、自分をそういうふうにつくり上げていく。それが、儒学の一番の根幹であるというふうに考えられたことは、それは間違いのないことですね、そして、そういう朱子学というのは、中国でいえば南宋の時代ですから、日本でいえばもう平安朝の末から鎌倉ですね。そのころからの宋学の歴史というものがあって、その流れがあるわけですけれども。一方中国の方では、宋の次に、宋、元、明、清と流れていきますので、まあ、元という時代があって、その元を一つおいて、その明の時代になりましたときに、王陽明が出てくるわけですね。ですから、朱子学を宋学。それから、陽明学を明朝の学問として明学。そういうふうに、時代の名前で呼ぶこともありますし、あるいは中心人物である、朱子学と陽明学というふうにいう場合もあります。しかし、いずれにしても、明の陽明学は宋の後に出てきたものですから、宋学に対して一方自分の主張と言いますか、朱子学をもう一つ乗り越えるような、そういう主義主張というものを持たなければ、新しい思想にならない。したがって、そういうことを一生懸命考えていくわけですけれども、そのときに、「心」というものをですね、朱子学のように「性」と「情」に分けて、一方は善、一方は悪とするのではなくて、「性」も「情」もひっくるめて「心」というものはあるんだと。だから、朱子学的にいえば、人間の心というものは「性」と「情」のふたつに分かれる。そして、「性」というものには本然の性があって、本来天の道理と繋がった本然の性が中心を成せば、「性」は良いものである。一方、人欲による「情」は悪いものである。だから、できるだけ良い「性」を涵養して、できるだけ情欲を押さえるという、それが人間のやるべき仕事であると、そういうふうに説明されてきたわけですけれども。ですから、ここで本然の性、即ち道理というその理ということを大変尊重するわけですけれども、それで朱子学のことを性理学と、いうふうな言い方をしてみたり。あるいは、宋の時代でしたから宋学というふうに言ってみたり色んな言い方をしますけれども、皆一緒です。そのときには、この、「性即理」ということのテーゼが、朱子学の最も中心をなすというふうに言われてきたわけですね。これは僕みたいな一知半解が申しますので、あんまり信用はできないと思われるかもしれませんけれど、どこにでも書いてあることです。そして、陽明学ではですね、この心というのはこういうふうに分けたらしょうがない。分けられるものではないんだと。この心そのものが、「理」である。つまり、朱子学では「性即理」というわけですけれども、陽明学の方は「心即理」ということをテーゼとして掲げまして、これが陽明学の最も特徴的な主張になっていくわけです。で、そうなりますとですね、朱子学では、悪いのは人間の「情欲」というものなんで、これをなんとかして押さえ付けるのが良いというふうになっていたわけですけれども、ところが陽明学では、「心」そのものを、「性」「情」もひっくるめて肯定しよう。「性」は肯定するけど「情」は否定するんではなくて、その「性」「情」も全部まとめて、とにかく肯定的に考えていこうというのが、陽明学の行き方になってくるわけですね。これはもう、おそらくですね、言葉は当たるかどうか分かりませんけれども、いわゆるヒューマニズムとも言える。要するに、人間主義ということがまさにこの時点から非常に大きく出てくると思います。まあ朱子学も当然儒学の一派である以上、人間を社会性や政治性の中で考えるという意味での人間主義ではあるわけですけれども、かなり厳格な、リゴリスティックと言いますか、厳格に人間の「本然の性」だけは認めるけれども、「情」は絶対に認めない、良くないものだというふうなかたちで押さえつけようとしたわけですが、それを陽明学の方では、全部ひっくるめて肯定しようという方向へ、進むわけですね。そして、それが、陽明学の時代というのがですね、ちょうど江戸の直前になるわけですね。明代そのものは鎌倉時代からずっと、江戸のごく初期まで繋がった時代。そして、江戸のごく初期というのは、明から清へちょうどどうつる時代。そうすると、藤原惺窩（せいか）や林羅山というのは、陽明学の時代が自分たちといわば世代が重なる時代で、朱子学というのはこれは遥か昔の話ですから。それは、中国では朱子学が絶対的な権威を持っていたとしても、日本の場合には、やはり明代、それも明清に交代しようというその時期の学問というものが、江戸時代の初期の儒者にとっては最も新しい、最も発展した儒学のかたちであったと受け取るのは、それは当たり前だったと思うんですね。朱子学はもう当時の人にとってはかなり古い学問であって、朱子学の次に出てきたこの陽明学というものが、やはり江戸の儒者にとっては一番新しい。これは当然そういう受け取り方があって当たり前だと思います。時代的にですね。で、そして、その陽明学の特徴としたのがこの「心即理」という言葉であって、それを敢えて言えば、そこに書きましたように、一枚目の下の段に汚い字で書いておりますけれども、そこに、「陽明学の特徴」というものをちょっと並べてみました。これは、哲学の方の言葉で言えば、「主観唯心論」。心をすべての中心において考えて、その心の中に安定した社会規範を自前で創造する。自分の心というのは自分でしか分からないことなんだから、これを「主観唯心論」というふうにいわれるというのは、これもその通りだろうと思います。そして、そこから出てくる陽明学の一つの特徴としてですね、「情」を肯定するということになれば、これは「人欲」の肯定ということに繋がっていくのは当然のことです。朱子学では、ひたすら悪だというふうに考えられて、できるだけそれを排除しようということとしか言われなかった、その「人欲」、人欲というのは「私」ですね。「私」を肯定するというそういう考え方が非常に強く出てくる。それから、更には、人間の自然というものを主張する。「人間の自然の主張」。それから「個性主義」、そして、「三教一致」と書きましたが、それは異端というものを容認する。これは朱子学では、仏教も道教も陽明学ですら異端であるということで、それは一切認めない。朱子学だけが絶対だと考えていたものを、そういう異端をどんどん認めていこうという、考え方になっていきます。そして、そこに「三教」とありますのは、要するに、老荘思想、道教ですね。道教と、それから、儒教と仏教。その道教、儒教、仏教。その全部を認めようと。そしてそれぞれの良さを考えていこうというような行き方になるわけです。それから、また、歴史学や文学。「史学重視」とそこには書いておきましたけれども、文学や史学というようなものを重要視するという姿勢もそこから生まれてくる。人間を肯定しよう、人欲を肯定しようということになれば、文学的なものを肯定しようという方向へ進むのは当然のことですし、さらにそれに加えて、歴史の学、史学をとにかく大事にしようという姿が生まれてきた。ここに挙げました事柄、皆、要するに、陽明学の特徴としてはっきり出てきた事柄です。これが、私は以後の江戸儒学の中心をなす考え方になっていると思います。江戸の儒学でも、朱子学一辺倒の人ももちろんおります。そういう人たちにとっては、受け入れられない考え方であったということになりますけれども、しかし一方で、そういう朱子学に飽き足りず新しい展開を考えてきた儒者たちにとっては、やっぱりこの陽明学の考え方というのは朱子学を乗り越える上での、大変重要な考え方となってきたのは、それは当然のことであったに違いないと思いますね。その中から、仁斎が出てき、徂徠が出てくるわけです。ですから、仁斎や徂徠の存在というのは、この陽明学の存在を抜きにしてはおそらく語れないのではないか。私はそういうふうに実は考えているわけですけれども。

仁斎学

仁斎の学問、これは江戸時代にですね、仁斎は陽明学者の呉蘇原という人の『吉斎漫録』という本をネタにして、それを元にして自分の考えを練り上げたんだということは、かなり広く言われていたことです。ところが、現在ではですね、仁斎が『吉斎漫録』をそのまま引用したという事は認められないので、それは誤伝だということになっておりますけれども、私は、何も『吉斎漫録』をそのまま引いたとか引かないとかのことではなくて、やはり、江戸時代の人にとってはあの仁斎の主張というのは陽明学的な発想の元に練り上げられたものだということが、ごく普通に考えられていた。それが、『吉斎漫録』というものをネタにしたんだという言い方も、ちょっと極端に言えばそうなったんだと思いますけれど、それは、あながちそのまま受け取るんではなくて、仁斎のものの考え方の根本に陽明学的なこの「心即理」、あるいは「情」の肯定というようなことが、はっきりあった。そのことをですね、仁斎の学問の流れの中で、仁斎の「情」をより重要視するという、そういう考え方を、はっきり取り出して示して下さったのはやはり中村幸彦先生であったわけですけれども。その中村先生が、『文学は「人情を道ふ」の説』（『中村幸彦全集』第一巻所収　中央公論社　一九八二年）という有名な論文を書かれまして、で、「文学は人情を道ふ」それは仁斎の言葉なんですね。仁斎はそのように言って、文学というものは、要するに人情をどう描写するかということなんだ。人間の情、人間の気持ちというものをどう表すか。そこに、仁斎の考えの根本があり、それをそのままひとつの元禄の時代の主張として受け入れたのが、西鶴であり近松であるというふうに述べて頂いたわけです。ただそこで中村先生は、「文学は人情を道ふ」というその言葉は取り上げられましたけれども、仁斎の考え方は陽明学に基づくというところまでは踏み込まれませんでした。これはですね、やっぱり時代というものがあって、中村先生の時代にはやはり、中国哲学の世界では朱子学が絶対だということが嫌というほど言われておりましたので、そこで中村先生はあえてそれに異を唱えて、いや陽明学だというようなことは、おそらくちょっと遠慮されたのではなかろうかと思います。今はそこで何も遠慮する必要もなく、仁斎のヒントは陽明学にあると考えて少しも構わない。そう思います。

徂徠学

それから、さらにその後に出てきました徂徠ですけれども、この徂徠は紛れもなく全体の学問そのものが、明代の学問、明儒の学問というものを全身で取り入れて、それを日本に植え付けた。そういう人物ですね。ですから、徂徠学と明代の学問との一致点というのは、これはいくらでもあります。ですから、そういうものは絶対的に流れとしてあって、中国では一応朱子学の批判のかたちとして陽明学が出てきた。しかし、朱子学は絶対的な力を持っているんで、それを批判する陽明学はけしからん、それは異端であるというレッテルを貼って陽明学を排除しようとする。それが、中国の流れですね、日本では、一応中国のそういう流れに、まあ遠慮はしたかもしれませんが、何もそれにべったりになる必要はない、なんとか朱子学を批判するような新しい学問を樹立できないだろうかというふうに考えたときに、やっぱり陽明学的な考え方を下敷きにして、そこから朱子学を攻めていけばこれは一番手っ取り早い。しかも、おそらくですね、日本の儒者にとっては、陽明学というのは何も朱子学のアンチではなくて、朱子学の中の「心学」をもう一つ発展させたかたちだというふうに受け取っていたに違いないと、私は最近ではそのように思っております。

ですから、朱子学は宋代の学問ですけれども、禅宗辺りからの影響で心の学に目覚める。しかし心の弱さに着目して、心の外にある天の道理とつながった本然の性というような考えに立ったので客観唯心論と言われます。そこからさらに何百年も下った明代では、宋代の学問をそのまま受け入れるわけではなくて、宋代の学問をもう一つ発展させたかたち、その、唯心論をさらに発展させる。そういう客観から主観へという流れの中で、もうひとつ朱子学を発展させたのが陽明学だというふうに考えた。それを取り入れるんであれば、何も遠慮する必要も何もなくて、そういうふうに考えられたのが、おそらく江戸時代の学者にとっての陽明学であったと思います。そして、その結果、朱子学を乗り越えた陽明学をベースとして非常に豊かな発展というものが、江戸の儒学の中で考えられる。それを、これまでは、仁斎学や徂徠学は日本独特の発想だというふうに考えてきて、朱子学から見ればかなり儒学の領域を逸脱するものであるというふうに考えられてきたんですけれども、私は仁斎学も徂徠学も、いずれも朱子学の発展系としての陽明学をヒントにして、そこからもう一度朱子学を批判しようとした。その流れとしてあるんだと考えるのが、一番簡単な、また分かり易い立場なのではなかろうかと思っております。ですから、江戸の儒学はですね、朱子学も含んだ、更なる展開としての陽明学というものが江戸の儒学の中心であったというふうに考えていけば、落ち着きのある、よく分かる説明になるんではないかと思っております。そしてそこに、近世的自我というようなものがはっきり主張されることになるんです。それが、先ほど申しましたように、陽明学の特徴であります「人欲の肯定」でありますとか、「人間の自然の主張」でありますとか、「個性主義」でありますとか、あるいは「三教一致」の考え方でありますとか、「史学重視、文学重視」の考え方でありますとか、こういうものはすべて江戸の人の、いわゆる江戸的な自我、江戸人としての自我というものを非常に大きく膨らませ、立派に定着させた大きな理由だと考えております。

狂者と畸人

そこで、そういうものをさらに具体的に示すものとして、最初に申しました「狂者」という言葉と「畸人」という言葉と、この二つの言葉をキーワードにして考えてみたいと思っております。「狂者」というのはですね、これは、陽明学で非常に高く評価された人間のあり方の一つです。ただ、「狂者」と書きますと、いわゆる気違い、狂人という風に受け取られかねませんが、「狂人」と「狂者」は全く違います。「狂人」というのはいわば病的な意味での狂人でしょうけれども、「狂者」というのは、これは明らかに儒学の伝統の中できちんと位置づけられた人間存在の一つのレベルである、ということになります。そのことを、一枚目の下の段、島田虔次先生の『朱子学と陽明学』**【資料15●巻末234頁】**という本の中から、ちょっとその部分をひいておきました。「孔子および孟子は、人間のタイプを『中行(ちゅうこう)』『狂(きょう)』『狷(けん)』の三つ(あるいは「郷愿(きょうげん)」を加えて四つ)に分類した。」つまり、人間には三段階、四段階あるということですね。これは『論語』にも出て参りますし、『孟子』にも出て参ります。人間のタイプというのを、「中行の士」「狂者」「狷者」その三段階。さらには、「郷愿」というものを加えた。「中行」というのは中庸の人で、これが最上。つまり、何をやってもきちんと中庸の枠を外さない。非常にバランスの良くとれた人間。それが「中行」あるいは中庸の人。それが、人間としては最上だと。しかし、なかなか得難い。そういう人はそうざらにいるもんじゃない。「狂は『進ミテ取ルもの』、勇往邁進の理想主義ではあるが、往々、言行不一致を免れない。」で、それが「狂者」である。「狂者」というのは、バランスがとれない。志は非常に高い。志が高くてバランスの取れない人間。それが「狂者」である。で、「これがそのつぎ。」というのは、「中行」の次ということですね。「中行」が最上で、「狂者」がその次。「狷」というのは、「狷は『為サザルトコロ有リ』、孟子によれば『不潔ヲ屑シトセザル』もの。」つまり自分の志は非常に高い。しかし、他人を許すことのできない人間。まあ今でも、狷介孤独という言葉が使われますけれども、そういう狷介な人。その人自身は立派な志を持ち、立派な行いをする。しかし、他人が悪いことをしているのを見たときに、その人を許すということができない。ただただ、自分だけが高い孤高の人とでも言いますか、そうした立場に立ちたがる人。あるいは、ならざるを得ないひと。そういうのが「狷者」である。で、「いちばん下等は郷愿、『闇然トシテ世ニ媚ブル』もの、八方美人、『徳ノ賊』」そういうふうに説明される。何か他人の目ばっかり気にしていて、他人の見ている目の前では大変立派なことを言い、大変立派なことをするんだけれども、自分一人になるともうすぐそれを忘れてしまう。それが「郷愿」。「郷愿」というのは、で、「『徳ノ賊』である」と。そう言われると、僕らは全部「郷愿」というふうにしか言いようがないわけですけれども、まあしかし、「郷愿」を最低とし、その上に「狷者」がいる。その上に「狂者」がいる。そして「中行の士」がいる。しかし、中行の士というのはそうやたらといるもんじゃない、やたらどころか全くと言って良いぐらい、そういう人は世の中に探すことはなかなかできない。だから、そうなってくると「狂者」というのが、現実に生きている人間の中では「狂者」が最高だという、そういう位置づけになるわけですね。それが、この『論語』や『孟子』で言う「狂者」になるわけです。つまり、それだけの立派な人間性や倫理観、そういうものをしっかり持っていて、その方向にとにかく勇往邁進する。しかし、ときどき言行不一致に陥ったりしてしまう。だから、ちょっと度外れなところはあるけれども、とにかく志の高い人ということです。それが「狂者」であると。それを王陽明は、私は最近ようやく狂者の志というものを、自分で持つことができた。私はようやく狂者にまではなれたというふうに言っておりますので（「伝習録」）。ですから、陽明学では、狂者というものは最高の境地というところにくるわけです。ですからそこに、「陽明は既に自ら狂を以て任じたが、（より唯心論に徹した）陽明学左派にいたっては、『狂こそ聖学に入る真の路』と強調した。『むしろ濶(かつ)略(りゃく)おおわざる（欠点丸出しの）狂士となるも、完全無毀（完璧でそしりようもない）の好人となるなからん』」と。そういう王竜溪(おうりゅうけい)というのは王陽明のお弟子さんです。その、竜溪あたりから、いわゆる陽明学左派という、非常にドラスティックな学派が出現するのですけれども、その一番の代表に挙げられるのが李卓吾（りたくご）という人物ですね。最近は特に大きく取り上げられるようになりました。「狂こそ聖学に入る真の路」である。つまり、狂になること、狂者になることが本当の儒学者として一番てっとり早い道だと理解されるようになった。それが、この島田先生の『朱子学と陽明学』の中にある「中行」あるいは、「狂者」「狷者」「郷愿」の四段階の人間の存在というものを、上手に説明された文章であるだろうと思います。そして、この「狂者」というのがまさに近世的自我の一つの表れであるわけですね。「狷者」も含めてもよろしいんですけれども、少なくともその「狂者」「狷者」というそこのところが、最も近世的な自我意識というものの極端な表れを示すものだというふうに私には思えるわけです。その「狂者」というものがそこに二枚目のところへちょっと書いておきましたけれども、これは今のような説明の補足としてご自分で読んで頂ければ、『論語』や『孟子』**【資料16●巻末235頁】**でどのように説明されているかということは、そこに引いた通りであります。その下に、色々人名**【資料17】**を書いておきましたけれども、こういう人たちがまさに江戸中期の「狂者」であるだろうと思います。上の段に書いてあるものは、おそらく皆さん方には殆んど御馴染みではない名前ばっかりでしょう。ただ、上に二つ丸を付けております「平賀源内」と「上田秋成」ぐらいはおそらくご存知でしょうけれども、あとは殆んど聞いたこともないとおっしゃることと思います。（拙著『近世新畸人伝』（昭和五十二年　毎日新聞社刊）。『江戸狂者伝』（平成十九年　中央公論新社刊）を参照されたし）そのぐらいに、十八世紀の人物というのは一般的にはほとんど知られていない。これまで、説明されてこなかった。しかし、こういう人たちを全部をひっくるめてどういうふうに評価するかと言うと、それが「狂者」なんですね。そして、その下の段は、これは大体お分かり頂けるだろうと思います。「石田梅岩」「安藤昌益（しょうえき）」「富永仲基」「三浦梅園」「司馬江漢」「海保青陵」これは従来も思想史の上でよく取り上げられている人たちです。この人たちも、まさに今のような「狂者」というそういう目で見ていきますと、非常によく分かる存在である。ところがこれまで、このような人を「狂者」というような捉え方で説明されたものは一つもありません。さらにその横の「大雅堂」「若冲」「蕭（しょう）

資料17　江戸中期の狂者

服部蘇門（そもん）
孤立道人大我（こりつどうじんだいが）
金龍道人敬雄（きんりゅうどうじんけいゆう）
蘭陵越宗（らんりょうえつしゅう）
賣茶翁（ばいさおう）
増穂残口（ますほざんこう）
深井志道軒（ふかいしどうけん）
自堕落先生
寺町百庵（てらまちひゃくあん）
○平賀源内
○上田秋成
天愚孔平（てんぐこうへい）

石田梅岩
安藤昌益
富永仲基
三浦梅園
司馬江漢
海保青陵
大雅堂
若　冲
蕭　白
佐竹噲々
高　芙蓉

白(はく)」「佐竹噲々(かいかい)」「高芙蓉(こうふよう)」これは皆当時の美術畑の人ですね。この中では、「大雅堂」「若冲」「蕭白」あたりが、最近大変有名になりましたけれども、全体的にはまだこれもほとんど説明されてこなかった人物であるだろうと思います。そして、こういう人たちの、それぞれの世界でそれぞれの立場というものはこれまでなにがしかは説明されてきましたが、こういう存在を全部ひっくるめて「狂者」というような言い方で捉えるというのは、これ迄はおそらくなかったと思います。そして、こういうひとたちの中に、近世的な自我というものが大変強く発現していると言いますか、こういう人たちの一つ一つの発言を眺めていきますと、そこに初めて近世的な自我というものがどういうものであるか、ということが大変良くお分かり頂けるであろうと僕は信じております。そしてそのことを儒教的に、あるいは陽明学的に言えば、「狂者」ですけれども、それを老荘思想の方でいうと「畸人」という言葉がそこに出てくるわけですね。ですから、この「畸人」というのは「狂者」と皮一重と言いますか、全く重なる存在であると言ってもよろしいかと思います。

　この「畸人」は老荘思想の方で、また最高の人間というふうに言われております。「畸」というのはちょっと普通の人間とは全く変わった、外見的にも全く変わった、不具者であったり、とても目を背けずにはいられないような姿であったり、そういう人たちですけれども、それが、実は真の人間性というものを持っているんだと、そういうかたちで説明される。荘子の『大宗師篇』【資料18●巻末238頁】を引いておきましたけれども、「子貢曰わく、『敢て畸人を問う。』と。」畸人というのはどういう人ですか。教えて下さい。「曰わく、『畸人は、人に畸にして天に侔しきものなり。故に曰わく、天の小人は、人の君子。人の君子は天の小人なり。』と。」だから、まさしく人間世界では変な人ということになってしまうけれども、実は、天に最も近い、天という最高の存在ですね。その最高の存在である天とまさに一致したような人。それが「畸人」なんだ。そこでそういう人たちを集めて、実は、江戸時代にも『近世畸人伝』【資料19●巻末238頁】（伴蒿蹊著　寛政二年（一七九〇）刊）という有名な作品が生まれました。その『近世畸人伝』に引かれているのが、今右の方で出しましたそういう人名が、大体、ほとんどの人というわけではありませんけれども、この中で代表的な人が、『近世畸人伝』の中に出て参ります。ですから、私は「狂者」と言おうが「畸人」と言おうが、それはどちらでも構わないんで、儒教的に言えば「狂者」、老荘的に言えば「畸人」、そういう存在である。さらに仏教的に言えば「禅」というのが、それに当たると思います。で、儒教的な「狂」、老荘的な「畸」、仏教的な「禅」。それを一まとめにして、三教一致という風に考えたのが陽明学でありますので。だから陽明学の世界では、こういう人達の存在は皆その通りに、肯定されて、そして、そういう人達が本当の人間なんですよといいうことを言っているのが陽明学であったというふうに考えております。ですから、例えばですね、上田秋成という人は、「わたくし」ということを、人から「お前はどうもわたくしが過ぎる」というふうに言われて、で、「わたくしとは才能の別名なり」というふうにはっきり言っております。つまり、才能を表に表すと、人はそのことを批判して、「お前はわたくしがひどい」とか、「わたくしに過ぎる」というような言い方をするけれども、わたくしというのは才能の別名だと思いますよと。ま、そういうふうに言っている。で、これも、まぎれもなく秋成のその存在というのは、こういった陽明学的なその主観唯心論と言いますか、あるいは人欲の肯定ということにぴったり当てはまるような存在であると。それからまた、有名な話ですけれども、荻生徂徠という人は、人間は何かその疵のある人間じゃないと役に立たないと。つまり疵物の説というのがありまして、疵がないと、これは役に立たないんだという風にはっきり言っております。で、この疵ということ、あるいは癖ということ、癖者、つまり癖のある人間じゃないと、いざという時の役には立ちませんよと。で、疵や癖のない人間というのは、確かに何事もない世界ではそれでもいいかもしれないけれど、一旦事があった時には、やはりそういう人間のその一つの癖なり疵なりというものがある人間じゃないと役に立たないんだ、というようなことを言っております。これはですね、恐らく、徂徠が、自分で考えた説というよりは、あの、明から清にかけて生きておりました張岱という人物がおりますが、この張岱の、『陶庵夢憶』という随筆の中に、「人にして癖無きは与に交わるべからず、その真情無きを以て也」、つまり癖の強い人間でないと本当の人情というものを持っていないんだと。だから、そういう癖のある人間と付き合いなさい。また、私はそういう人間と付き合いたい。あるいはまた、「人にして傷無きは与に交わるべからずその真気なきを以て也」、傷の無い人間と交わってはいけない、で、その真気無きを以てというのはその真実、人としての真実味というものを、持っていないからだと。ま、そういうことを言っております。僕は恐らく徂徠はこの『陶庵夢憶』を読んだに違いないと。無論、これは張岱と徂徠の接点を確かめた上で言うべきではありますが、張岱ならずとも明末清初の知識人には共有の精神であることは言う迄もありません。で、これもやはり、江戸的なひとつの自我と言いますか、そういうものの現れであるだろうと。とにかくその十八世紀の人達の、書いたものの中には、もう至る所にこういう部分を指摘することができます。で、ちょっと跳ね返りの、飛び上がりの人物ばっかりだったんじゃないかという風に言うこともできますけれども、しかしそれこそあの、張岱と同じように、そういう人だからこそ、本当の真情があり、真気があるんだ、というふうに考えれば、私はそれが江戸人の、本当の意味でのその自我というものであったと思います。

近代的自我との相違点

ただ、この江戸的な自我というものがですね、例の近代的自我と違う所はどこかと言いますと、まさに、その志ということだと思います。これは、先回御話したこととつながると思いますが、つまり、倫理観、とにかくその聖人と直結するという一つの倫理観を非常に強く高く持って、そしてそこへ自分を高めていこうとする、その高め方が常人とは違っていて、人から見るとちょっと迷惑なような存在になるかもしれないけれど、本当にその、倫理というものを追い求めた、そこにこの江戸的な自我というもの、それがあるだろうという風に考えます。現代の我々の近代的自我というのは、その求心的な倫理観というものを全くなくしてしまって、百人の人がいれば百通りの倫理観がある、というような、そういう風に拡散してしまった。それを自我という風に称しているのが恐らく近代の自我であるのではなかろうか。近世的自我、まさにその近世的とわざわざ説明を付けましたのは、そこが実は違うんだということを、お話したいばっかりに、近世的自我という様な言い方で、お話をしたわけであります。後は、ちょっとこの提示しておりますものを、少し読んでいただければと思います。そして、その、『論語』なり『孟子』なりあるいはその『近世畸人伝』なりにどういう説明がしてあるか、これはややおわかりにくいところもあるかもしれませんけれど、注釈書はいくらでもありますので、そういうものをもしお気に留まるところがあったら、是非そういった注釈書を参考にしながら見ていただければと思う次第であります。

第五章

和本(わほん)リテラシーの回復

その必要性

出版物に関する江戸の常識

江戸時代というのは、出版文化の時代であるというふうに、ごく普通に言われます。しかし、出版ということでありますと、何も江戸時代から始まったわけではありませんので、奈良朝のその百万塔陀羅尼(ひゃくまんとうだらに)というあたりから、まぁ出版、それも書物とは言えないでしょうが、とにかく木版で、一応木版だろうと思います。その木版で始まりまして、それ以後ずっと、十世紀から、その十六世紀、十七世紀までですね、かすかにではありますけれども、出版というのはずっとあるわけです。ただ、出版というものが江戸期から大流行を示したということは間違いない。ですから、そういう意味で書物の世界が、出版、要するにその板本(はんぽん)、江戸時代では板本という風に申します。で、板本のハンは板という字を書きます。これは板に彫り付けて、そして、印刷をするものですから、江戸時代の木版印刷の書物を、板本とかいて「ハンポン」と呼びます。それが、明治以後は、今度は活版の時代に入りますので、それでその明治以後を、活版の時代と。そして、最近はもう一つもう実体としての書物というものがなくなってしまう、いわゆる電子情報といいますか、そういうものになっていこうと今はまさにしているわけですけれども、そういう意味では、今回のそういった電子情報に代わるというのは、それこそ衝撃的な変化というふうに、書物そのものがなくなるわけですからね。ですから、そういう点では非常に衝撃的ですけれども。それ以前は、要するにずっと、その書物の時代というのは繋がってきた。で、その中で出版は江戸時代に最も盛んになったけれども、それ以前は写本の時代ですね。要するに手書きの書物の時代。そしてほんのわずか、全体の一パーセントぐらいのところで板本というものも、あったというのが実情であります。従いまして、江戸時代に入っても、おそらく江戸時代三百年を通じて、やはり、写本と板本とは、多分半々、半々以上、やはり写本の方がどうしても多かったと思います。ですから江戸時代を板本だけで見る、ということは、これはもう明らかに片手落ちでありまして。写本というものが、一方にある。そしてしかも、当時の価値的に言いますとですね、やはり、写本の方が本当の書物であって、板本というのは要するにその書物を複数印刷するマスコミュニケーションのはしりのようなものであります。そして、しかもそれは大体売り物ということになります。そういうその売り物だ、ということになりますと、それはもう江戸時代の価値観から言いますと非常に俗なもの、通俗的なものである。だから、第二回目にここでお話しました「雅」と「俗」という感覚を書物に当てはめますと、当然写本のほうは「雅」の存在であり、出版物の木版本は「俗」の存在である。そういう風に、価値的にははっきり違います。ただし、写本のその「雅」の領域というのは、江戸以前からの、お公家さんやなんかの手で立派に作り上げられた、お大名の嫁入り道具風の、蒔絵のきれいな箱に入りました、『源氏物語』の揃いとか、あるいは『伊勢物語』『古今和歌集』などというそういうものが本当の書物でありまして、これは、もう江戸時代を通じてやはりその観念は変わらなかったと思います。そしてその一方で、要するに木版本というのは、それは、その木版本の中にもまたいろいろとその種類がありますので、大名やなんかが作ります趣味的な、ただ配るだけの、自分でお金を出して立派に作らせて、それを配るというような、そういうものは確かに「雅」の領域に入るかもしれませんが、一般的な本屋で作る、町の本屋で作るものは、これは売り物ですので、要するに商売のその営業品のひとつです。そうなりますと、それは当然のこと、中身は『源氏物語』であろうとなんであろうと、これは「俗」の領域のものに、当然なる。そして、営業品として作られたものは、まず第一に考えられるのは、経済原則と言いますか、要するに、儲からなければ作らないと、いうものですね。だから中身がたとえどれほど文化的に立派なものであろうとも、町の本屋で作る以上は、これは、儲からなければ作らない。ですから、たとえば官憲が公にその出版物の規制をしたとか、その出版物に関する法律を定めたとか申しますけれども、その法律の眼目はですね、要するに営業品としての書物というものは、これはもう本屋の都合のいいような方向でやればよろしいと、そういうところに任せる、というのが本来の姿でありまして、その内容を厳しく厳密に調べて、それによって、弾圧を加えるというような、そういう意識はほとんどなかったというのが実情であるだろうと思います。そこで恐らく、弾圧と言いますか、中身にそのくちばしを入れる部分というのは要するに今と殆んど変わらないことですね。要するに権力者にとってのプライバシーの問題と、それからもう一つは風俗的な問題と、いわゆる、好色本でありますとか、ちょっと人目に、あからさまに触れる、触れさせるものではないよというような程度のものを取り締まるくらいのものでありまして、思想的にどうこうと言うようなことは、恐らく国防関係は、これはやはりいろんな問題がありまして、これは厳しく取り締まると。しかし国防に関わるものでない限りはですね、それをどうこうするということはほとんど有り得ないというのが実情だという風にお考えいただいてよろしいだろうと思いますね。

いずれにしましても、江戸時代はその写本と板本が混在する時代であって、むしろ量的には写本の方が多い。しかし江戸時代も三百年ありますから、だんだんこの板本の方が勢力を増してくるということになりますと、やがて、写本も板本に準じた形で、作られるようになってくる。要するに板本のまねをしたようなものでありますから、そういうものは、ま、板本に付随して考えてもよろしいと思いますが、しかし、もっと立派な列帖綴（れっちょうとじ）の、お公家さんの、筆で書かれた、有名な古典のもの、物語だとか歌だとか、そういったものが本当の書物であるという風に考えられたことは、これはもう間違いの無いことだと思います。まあ大体そういう風なことがそもそも根本的な常識としておさえられていなければいけないと、いうことになるだろうと思います。しかし、全体としてはもちろん最初に言いましたように、写本の時代から板本の時代に移り、そして活版の時代に移るという、そういう全体の流れはそうですね。そしてその中で、やはり江戸時代は、板本というものが一番特徴的でもあり、大変発興した時代でもあると。ですから、江戸時代の板本というものは、またそういう、それなりの理解というものが必要ということになります。

木版本と活版本

ただし、板本といっても出版されたものですから、活字、いわゆる明治以後の活版本と同じだろうという風に考えてしまうと、これは非常に誤解が生じてくる。それはどういうところかと言いますと、やはり、板本というのは写本と活版のちょうど中間にあるわけですね。ですから、板本というものは写本の性格と、それから活版の性格との両方を兼ねていると、性格的にもちょうどその中間の性格を持っているという風にお考えいただいたほうがよろしいだろうと思います。それはどういうことかと言いますとですね、要するに写本というのは一冊一冊全部違うわけです。手書きですから。中身は『源氏物語』であっても、その書いた人が違うわけですから、当然本として違う。で、その中には、書き写しの間違いもあれば、自分で勝手に付け加えたりするものもあれば、省略する部分も出てくる。それが写本の特徴ですね。ところが活版本ということになりますと、たとえば今の新書版なんてのは、その、中公新書だとか岩波新書だとか、どんなに小さなものでも大体一万部とか、二万部ぐらいは同じものができるわけですね。ですから一万、二万という数の全く同じものが出来る。で、それと一冊一冊全部違う写本、というそのちょうど中間にある板本というのは、まさにその両方の性格をそのまま持っている。だから、活版本に比べれば、はるかに違いが多い。同じものでも、その違いが多い。しかし、写本に比べれば、まぁ写本のように一冊一冊全部違うというわけではなくて、まあ、なにがしかは同じものがある。それは恐らく、発行部数といいますか、その部数に自ずから関わってくる。例えば板本でも、一度に百部印刷するとすれば、その百部は同じものです。しかし、それがまたしばらく経ちまして、増し刷りをすると、訂正や省略が加わって、そのときにはもう外見や中身までがなにがしか違ってくる。ですから、初刷りの百部はおんなじで、また次の百部を作るときにはまた次の百部は一緒であると、しかし前の百部と次の百部とではもう自ずから中に違いが生じてくる、そういうものなんですね。ですからそこの違い、それが一番基本的に大きな違い。ところが従来は、江戸時代はもう出版文化の時代である、そうすると、出版されたものは同じものであるに違いないという、そういう感覚がどうしても生じてしまう。今の感覚で出版というものを考えますので、どうしても江戸時代も同じ出版物であるならば同じものだろう、という風に考えてしまって。それが、日本の図書館というところはそういう点が非常に遅れておりまして、今でもですね、図書館というのはあの、例えば江戸時代の本であっても、一つ、ありますと、そうすると、それはもううちに同じものがありますから、それはもう要りません、ということで、そういう形で処理してしまってきた。それがこれまでの日本の図書館の一つのまぁ大きな病弊であったという風に考えることもできるだろうと思いますが、まぁちょっと話が飛んでしまいましたので、もう少しまた、前に戻しまして、そういう江戸時代の板本と写本とについての感覚は、そういうものであるということから御考えいただければよろしいと。

変体仮名と草書体漢字の問題

しかもですね、要するに明治二十年代ぐらい、まぁ明治三十年代ぐらいまでと言ってもよろしいかもしれませんけれど、そこまでは、要するに江戸時代と一つながりの時代ですので、書物というものも江戸時代と同じような形のものが、だんだん印刷、活版に代わっていきますけれども、大体木版で出された。要するに明治二十年前後迄は殆んどと言っていいくらい木版印刷で、あるいは手書きで書かれたものである。そしてそこで用いられた、文字と言うのは、これはもう全部、今で言う変体仮名であり、草書体の漢字であるわけですね。まぁ中には楷書の漢文で書かれた立派な経学あるいは仏書のようなものもあります。そういうものはきちんとした楷書で書かれておりますから、漢字が読めればそれが読めるという風に言ってもよろしいんですけれども、しかし、それだって漢文のその素養がないと恐らく読めないでしょうし。それから、その草書体の漢字と、平仮名の変体仮名ということになりますと、ごく普通に言って、知識人と言いますか、読書人と言いますか、そういう方々の中でもですね、今となってはほとんど読めなくなってしまっているというのが実情でしょう。大体どのぐらいの人が読めるのかと言いますと、これはちょっと見当づけるのがなかなか大変でありますけれども、恐らくですね、国語、国文というようなものを、それもその、明治以前のものをやっている研究者、その卵、それから歴史のやはり、明治以前をやっている研究者、その卵、あるいは美術史、あるいは風俗史、そういったものをやっている人たちの研究者およびその卵、まさに国文学あるいは国文学研究資料館のような、そういうところに直接関わりのあるそういう専門家達だけしかもう読めないというのが、これが実情なんです。で、大学の先生なら読めるだろうということになりますけれども、大学の先生でもねぇ、恐らくそういう領域の方以外は殆んど読めなくなってしまった。明治二十年というのはまだ、百二、三十年前です。百二、三十年前までは、もうそれしかなかった書体が、この百二十年の間に、ま、恐らく戦後が一番急激に進んだと思いますが、つまり戦前までは、大体私共の父親なんかですと、ごく普通にまぁまぁ読めた、あるいは手紙書くときには大体変体仮名がいくつか混じると言うのが当たり前だった。それが戦後の六十年で、もう完璧に息の根が止められたと言いますか、そこまで変わってしまった。理由ははっきりしております。決定的には明治三十三年の小学令で、平がなは一音一字、つまり現行の平がなに限定されることになったのです。理由は当時の日本人の九割までが教育は尋常小学校どまりという実情があったので、それに合わせた結果ですが、これはこれで私は、その時点では大英断であったと思います。又、大学の先生でも読めなくなったのは、要するに日本の学問と言いますか、知識と言いますか、それが、明治以後ですね、完璧に西洋の学問に変わったこと。これは前にも申上げましたがそれは、大学の講座名みたいなものを見れば一目瞭然です。社会学とか経済学とか心理学とか、あるいは文学でもですね、文学というような言い方で言う限り、これはもう近代そのものです。江戸時代には文学なんていいますとそれは職業のひとつであって、要するに、あの、各藩に仕えている儒者とか、文人とか、そういう人達が、例えば黒田藩の文学、貝原益軒(かいばらえきけん)とか、そういう風な職業を指す名前でしかなかったわけです。ですから文学というような表現で言う限りは、それは、もう近代主義ということになるのであります。これはもう歴史だってなんだって恐らく全部と言っていいくらいそういうことになってしまう。だから、学問の基本が、西洋の学問である以上、その学問のベースをしっかり勉強し、その学問をしっかり身につけるためには、それはやはり西洋言語に通じていなければならない。だから、もう西洋言語に関しては、今の大学の先生方は皆さん大変によく通じておられて、ヘブライ語から、何からお出来になる方はいっぱいいらっしゃる。

リテラシーの保有者

ところが日本語の、わずか百二十年前までは、変体仮名と草書体漢字とそれしかなかった、それに関しては誰もほとんど読めないという状態になってしまった。これはですね、明治以前に繋がるチャンネルを自分から断ち切ってしまっているわけです。過去には、それしかないわけですから。その文字で書かれたものしかなかったわけですので、それが読めなくなると言うことは、これはもう完全に自分で自分の過去を断ち切ってしまっているという、それが実情なんですね。ですから今恐らく日本中で、どんなに多く見積もっても、四、五千人ぐらいのものじゃないでしょうか。卵まで入れてもですね。一億三千万の人の中の、四、五千人ですから、これはもう、0.004パーセント、というぐらいのところまで、まぁ言わば追い詰められてしまった。これはやはり我々の責任でもあるわけですね。一応我々は読める、で、自分でも読んで楽しんでいたのに、それを世間はそういう状態になっているということを全くほったらかしてしまっていたというのはやはり我々の責任でもあるし、国文学研究資料館の責任でもあるわけです。それは本当にそうであるはずだと思います。ここでそれをもう一回取り返さなければならないんじゃないかというのが、今日の御話しの主旨なんです。先ほど申しました、三千人か五千人、それしかいない。他の知識人や読書人は、全くそういうものを読む必要性というものをそもそも感じてこられなかった。だからその、いざとなって、そんなこと言われても、ということになるんでしょうが、ただ、そういう方がですね、皆さんおっしゃるのは、知識人読書人と言われる方が皆さんおっしゃるのは、日本の古典は素晴らしいと言われるんですよ。『源氏物語』は素晴らしい、『奥の細道』は文章がいいと。それを、真っ向から否定して、そんなものは日本人にとっては要らないと言われる方は、恐らくね、一人もいないと思います。そして、そういう方は、何によってそれを読んでおられるのか。それは殆んどの方が全部活字でお読みになるわけですよ。ですからそれもね、活字になってるものはそれでもいいだろうとは思うんです。しかし実は活字になっているということも、ちょっと問題はあるんです。日本の古典の文章は基本的に、清濁と句読点がない。活字はそれを補うわけです。だから、実は活字に直すというのは、要するに翻訳ですよ。外国語の翻訳と同じことです。ですから、活字で読む限り、それは翻訳で読むということに過ぎないんですけれども、そこはひとまずおきまして、まぁ活字があれば、それでもよろしい、ということになると思います。そして、これからが重要なんですけれども、要するに、読書人の方がですね、必要なもの重要なものはほとんど活字になっているだろうと思い込んでしまっておられる。で、そこがね、ほんとに恐ろしいところだとおもいますが。活字になっているものは、一体どの位あるという風に思われますか。

明治以前の書物の総数と活字本の総数

ま、その前に、明治以前に出来た書物、奈良朝から始まってですね、明治以前にできた書物がいったいどのぐらいの数があるものかと。これはもう誰にもわからないんですけれども、例えば見当をつける材料はありまして、それこそ今、国文学研究資料館が引継いでいただいております、岩波書店が最初作りました『国書総目録』、あれがだいたい公表で五十万点、点数ですね。同じものが『源氏物語』だけでもいくつもある、八百も千もあるでしょうけれども、それだけ全部をひとつの『源氏物語』という、それで一点と言う風に勘定して、だいたい五十万点が、あの、『国書総目録』に収録されている。但し、『国書総目録』は、当然穴だらけでありまして、その我々みたいな貧弱な経験しか持っていない者が見ても、『国書総目録』に入っていない書物なんてのは山ほどあるわけです。ですからおそらく僕はあの倍は十分にあるだろう。百万点。で、そのほかにですね、最初の回の時に、ここで御見せしたような、それこそ今でも三百円、五百円で古書会館で売っておりますような、そういう本でもですね、そういう本まで全部入れますと、誰かが手控えで書いたとか、あるいは旅日記を書いたとか、ぜんぜん素性のわからない人のコヨリ綴じの本、そういうものまで全部入れますと、おそらく百五十万点は楽にあると思います。で、そのうちの大体九割くらいは江戸時代に出来た、書物である。ですから江戸時代に出来た書物だけでもおそらく百万点は楽に超す。我々の先祖の叡知、財産、残してくれた知識のあらゆる総体がそこへ詰まっているわけです。そして、それが全部変体仮名と草書体の文字で書かれていると、そういうことになるわけですね。そして、先ほどの話に戻りますと、どれぐらいが活字になっているのか。おそらくですね、あの、これももう全部勘定するというのはなかなか難しいところですけれども、おそらく、二万点には満たないと思います。おんなじものが何度も何度も活字にはなっているわけです。有名なものはですね。『奥の細道』の活字本なんていうのはいっぱいある。で、『源氏物語』だって、もういっぱいあります。で、それも一点としまして、で、それでいったい何点ぐらいあるのか、そしてその他、まぁ大体は人文系のものが多いんでしょうけれども、しかしそれ以外にも、社会科学系、自然科学系、ありとあらゆるものの、活字になっているものを全部集めましても、おそらく二万点には届かないぐらいでしょう。百五十万点のうちの、二万点です。つまり一パーセント強ということなんですよ、活字になっているのは。そしてその一パーセント強しか読めなくなってしまっているというのが実情なんですね。そうするとその、どこが古典が大事だということになるのか。少なくともですね、自分で、まぁ活字になっていないものを、ちょっと読んでみるというぐらいのことは、普通にできるというのが、それがまぁ、当たり前と言えば当たり前の状態なのに、それを完全に自分からそういう過去に遡るチャンネルを、閉じてしまった。それが、現代の、我々日本人の、偽らざる姿である。おそらくアメリカ人の小学生でですね、十八世紀の、あの独立宣言を、読めない小学生はいないと思います。まぁ理解するかどうかというのは、これはまた自ずから、人にもよるんでしょうけれども。少なくとも、読むだけなら必ず読める。で、日本人で、それこそ知識人、まぁ超一流の知識人と言われている方々でも、例えば、明治の初めにできました、福沢諭吉の『学問のすゝめ』を、原本をそのままポンと出されて、それの読める方がいったい何人いるのかということですね。これこそが日本の近代の一番大きな歪みというものを生じさせてしまっている、その一番大きな理由なんではなかろうかと、原因なのではなかろうかと思うわけです。

ですからやはりそれは、今から始めてもですね、なかなか時間がかかりますので、大変ですけれども、僕はまあせめて小学生ぐらいに、変体仮名というものがあったんだということぐらいはちょっと教えておいていただきたいと思います。今、その外国語を、英語をやろうということになっていますけども、まあ、英語も結構です。英語も当然必要なんでしょうけれども、今の日本人にとっては、変体仮名なんてのは外国語と同じことでしょうからね。ですから外国語の時間でいいんですよ（笑）。あの、外国語として一時間だけでも教えてもらえれば十分。英語を十時間かけてやるのもよろしいが、仮名を一時間で覚えることのほうがよっぽど早いと思います。そして、今の小学生が大人になるまで、三十年ほども待てばよろしいかと思います。ですからそうやっていただければ、少しも構わないと。

空間軸と時間軸

外国語というのは、要するに、空間軸の中で他者と出会って、その他者の考え方を、オーストラリアの人はどういう考え方か、フランスの人はどういう考え方か、そういうことをちゃんと理解する。他者との遭遇と言いますか。そういうことのためのツールと言いますか、道具として、外国語というのは大変大事である。それと同時にですね、やはり時間軸上の、他者との遭遇というものが、これがまた非常に大事なことだろうと。外国語が大事だというのは要するに、その、空間軸のことだけしか考えていない。その空間軸の場合にはオーストラリアとかフランスということになりますと、我々と全く感覚が違いますし、生活も違う。理解するというのはなかなか大変ですけれども、やはりそのための道具として外国語に通じなければいけない。一方で、この時間軸の方はですね、我々の直接の先祖であるわけです。そしてその当時の生活様式も感覚も今でも十分残っている。そういう時間軸上の先祖が残してくれた叡知と言いますか、それを理解するのに最も大事な道具は、文字しかないわけですね。江戸時代までは、音声メディアや映像メディアは無いので、文字メディアしかないんです。ですから、それを、せめて読書人の間だけにでも回復すると言うことは、明治三十三年から今日までの間のどこかで、当然考えなければいけなかったのではないかと思います。それを私どもがあまりにも怠ってしまったばっかりに、今のような、これはもうはっきりいって惨状と言ったほうがよろしいだろうと思います。今のような惨状をきたしてしまった。まぁ改むるに憚ることなかれと申しますので、早くそこに気がついて、それを取り戻すということをしないと、これまでずっと千年も二千年も積みあがってきた我々の先祖からの叡知というものが本当に雲散霧消してしまう。そして、それに誰も今のところまだ気がついていないという状況を、やはりなんとか、回復させなければいけないのではないか。だからもうせめて、ここにいらっしゃる方々はもう時間も無いんで、間に合わないでしょうけれども（笑）、まあお子さん方にですね、是非それを遺産として残していただきたい。今でも町の中に、お蕎麦屋さんの看板だとか、箸袋の「おてもと」なんていうのだとか、あるいは立派な有名店の、それこそミシュランに載っているような、そういう有名店の看板なんていうのは大体あの、変体仮名で書かれております。ですから、そういうのをですね、みんな自然に読んでいるわけですよ、現実に。見当ででも、多分そうだろうなと思いながらでも、大体読める。それが当たり前なんですね。DNAにも組み込まれていると言ってもよろしいわけですから。だから、そういうものを回復させるのは、そんなに難しいことではない。その気になりさえすれば、もう、あっという間に、取り返すことはおそらくできるはずだと思います。ですからそれを、訴えたいと申しますか、口はばったいことですけれども、そういうことに出来るだけ気がついて、早くそれを回復するような方向へ持っていっていただきたい、ということを、高いところからですけれども、是非お願いしたいと思っております。そのために出来ることでしたら、なんでもさせていただきたいと思っておりますが、そういうことがひとつのきっかけとして、今回のおしゃべりも引き受けさせていただいたようなことであったわけです。まあそういうことで、江戸時代の書物というものについて理解していただくということは、今申し上げたようなことが一番のそのポイントであります。

近世の出版史

そこで、今回のこの、こういうクリップで留めた方ですね、できるだけ、早足でお話を進めたいと思います。で、やはり、写本、手書きの本はどうしてもあの、江戸以前の話がメインになりますので、江戸時代ということになりますとやはり木版の出版物。で、その出版物が先ほど申しましたように、近代、明治以後のいわゆる活版印刷とは違うんだということ、同じ出版物でも違う。で、どこがどう違うかということですね。それは先ほどはあの、部数の話を致しました。部数が百部、二百部の話なんだと。それが現代では一万部、二万部の話になると、そこでも自ずから違ってくる。写本ですと、もう一部一部全部違う。手書きは全部違うということを申しました。写本と板本が違うということは、自然におわかりいただけるだろうと思います。で、その同じ複数でも、板本、江戸時代の板本と、明治以後の活版本とでは、数だけではなく他にもこれだけ違うんだということをですね、少しお話をしておきたいと思います。で、そのために、最初のところへ、近世の出版史**【資料20】**という題で粗々とした見取り図みたいなものを描いておきました。それから慶長、寛永以降、正徳以降というような、そこに西暦の年号も入れておきましたので、西暦がないとちょっとおわかりにくいと思いますので、それで見て頂ければよろしいんで

資料20　近世の出版史

年号	版式	出版の状況
近世以前	整版	非営業出版
1596 1647 慶長〜寛永	古活字	〃
1624 寛永以降	整版（左版）	営業出版
1711 正徳以降	拓版（正面版）	唐様書の流行
1721 （享保の改革	出版禁令・本屋仲間公許・板権）	
1730 享保以降	色刷り（重ね摺り）	画譜・詩箋・絵暦
1781 天明以降	銅版 近世木活	洋学 素人出版
1789 寛政以降	田舎版	地方文化

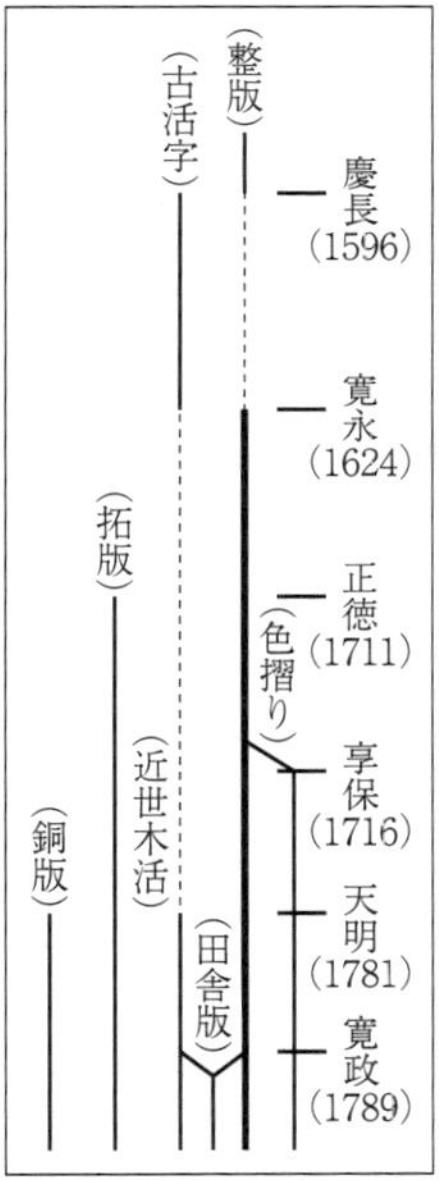

慶長（1596）
寛永（1624）
正徳（1711）
享保（1716）
天明（1781）
寛政（1789）
（整版）
（古活字）
（拓版）
（色摺り）
（近世木活）
（銅版）
（田舎版）

出版の技術

版式

名称	板木の状態
整版	凸版・逆字彫り
整版（左版）	凹版・逆字彫り
拓版（正面版）	凹版・正字彫り
活字版・一字版	活字・凸版・逆字彫り

摺刷式

摺印	片面摺り　バレン　袋綴じ
拓印	片面摺り　拓
圧印	両面摺り
套印	色摺り（重ね摺り）

製本式

巻子本（折帖）	
帖仕立	中折りの糊付け
線装（袋綴じ）	外折りの糸綴じ

すが、そこへずっと年代順に板本の世界というものも、新しい事柄がどんどん出来てきているんだということ、それを図表のような形でまとめましたのが、そのすぐ後につけておきました黒い棒線が入っておりますそれですね。大体全体的には上から下へと、時間的には当然流れていきますけれども、そういう風に違ってきているということ、それをまずは頭に置いていただきたい。点線の部分は、全くなくなった訳ではないが、辛うじて行なわれているという意味です。

で、ちょっとご説明を致しますと、まず近世以前。これは、皆、整版（せいはん）といわれるものです。整版の整というのは整えるという字を書きます。木の板に文字を書いた紙を裏返しに貼り付けて、それをその通りに彫刻刀で刻んで、それを版木と申します。その版木に墨をつけて、その上から白い紙を置いて、そして、その上からバレンでこする。こすりとりますと、裏返しの文字が、紙の上で正しい文字に変わる、それを整版という風に申します。そして、近世以前はもう全部非営業出版だと言う風に言ってよろしいと思います。つまり、営業として作られたものはおそらく、まず有り得ないであろうと。大きな寺院などでですね、そこで勉強をする学生に、その昔は我々がガリ版で切って渡してたような、今はもうコピー機械でざっとコピーすればいいような、そういうものとして作られた。それもおそらく寺院以外でそれを売り出すというようなことはおそらくなかったろうと思います。ですから、非営業出版である。江戸時代に入って、慶長から寛永頃にですね、突然古活字（こかつじ）という時代、古活字印刷という時代がやって参ります。要するに整版は一枚の板にその全部、一面全部を貼り付けて、彫り付けるわけですけれども、これは活字を作る。木で活字を作る。あるいは金属で活字を作る。でそうやって、活字を作ってそれをこう植え込んでいく。これは全部逆字の活字ですよね、もちろん、活字ですから。後は手順は一緒です。それにその墨を塗って、紙を置いて、上からバレンでこする。で、そういう形の活字版というのが、これが朝鮮系。中国ではもっと早くに活字の技術が始まりまして、そしてそれが朝鮮に伝わって朝鮮から日本に。豊臣秀吉の、あの、朝鮮攻めのときにその朝鮮から、そういう印刷の技術師を一緒に日本に連れてきて、そして日本でそれが定着した、と言われるのと、これと全く同じ時期にですね。今度はその、西洋のキリスト教の宣教師がグーテンベルク式の、その活版印刷、その印刷術を西洋から日本に、これもおそらく中国経由でしょうね、中国とかあるいは東南アジア経由で、日本に入ってきて。これは自分たちの教義を流布させるために、いわゆるキリシタン版といわれるようなものを印刷しました。だから両方同時に、西洋式と朝鮮式が同時に入ってきたわけです。で、これは便利だということに当然なるわけですね。それで早速日本でもその技術を、おそらくその両方のいいところを多分取り入れたと思います。ただ今のところ、その辺のところは非常に難しいところで、まだはっきりしたことがわかっておりません。だんだんはわかりかけてきておりますが。そのいいところだけを取り入れて、日本で、活字印刷というものが始まります。勅版、いわゆる天皇家の命令でもって作られたもの、それから徳川家康の命令で作られたもの、そういうものがどんどん作られるようになりまして、で、古活字版というものを、古い時代の活字ですから古活字と申します。そういうものが大体五十年近く、その一五九六年から一六四七年の約五十年間というもの、ほとんど古活字版だけの時代、というものが日本に出現するようになります。そしてその間は、整版はあることはあるんですけれども、これはほんとに片隅に追いやられたような状態で、古活字が一番便利だと言うので盛んにそれが出る。そして、それもほとんどは非営業出版であったろうと思います。ところがそういうのが普及し始めますとやはりそれを、営業にしようという、つまり、本屋、いわゆる町の本屋というものが、できるようになってきます。そして、町の本屋ができますと、寛永以降、一六二四年以降は、これがまた徐々に昔に逆戻りと言いますか、整版の時代に逆戻りを致します。そして活字版はほとんど作られなくなります。その辺が非常に疑問だという風に従来言われてきたわけですけれども、これは至って簡単なことで、先ほどから申しておりますように、あの町売りの書物というのは営業物ですね。要するに、経済原則と言いますか、それで成り立っている。だから、活字ですとね、営業に乗りにくいと言うことが一番大きい。というのはですね、活字はひとつひとつ植え込んで、そして印刷をします。そして活字が今のようにその、同じ活字が、何百、何千とある、印刷屋に行けば、「あ」なら、「あ」という字だけでももう何百、何千とあるわけですね。ところが、当時は木活字でひとつひとつ手で彫るわけですから、そんなにできるはずがない。だから、最初のころはですね、そのひとつの、一種類の活字はもう、五個か六個ぐらいしかないという、そういう状況で印刷を始めたわけです。ですから、一面印刷しますと、次の二枚目、三枚目になりますと、また、さっき組んでたやつを全部ばらして、でそしてそのおんなじ活字を使わなきゃいかんという、そういう状態ですから、営業物であればやっぱりそのなにがしかの部数に必要になってくるわけなので、その百部とか二百部とかでも刷るためにはこれはもう大変な手間がかかる。だから、これではちょっと無理だということにすぐ気がつくわけですね。要するに、趣味でやっている分にはいいんですけれども、営業ということになると、それでは間に合わない。で、営業に最も向いているのは整版であるわけです。つまり整版といいますのは一度板木を作ってしまいますと、これは何度でも、もう即座に増し刷りができる。増し刷りができないと商売にならないわけですね。今でもそうでしょう。おそらく出版というのは。初版というのは、ま、大体その費用、その他全部合わせて大体何部くらい作るかということが決まりますと、それによって初版は、定価が決まる。で、大体初版のときにはほとんど儲からない。しかしそれが二万部、三万部、となりますと、これは大変な儲けになる、というのが営業ですから。だから、営業の観点から見る限り、活字では間に合わない。整版になるのが当たり前。それが寛永以降にはもうその京都だけでもですね、百軒以上の本屋さんが、町の本屋さん、営業としての本屋さんができてくるという、そういう時代になりますので、当然整版に戻る。そしてそれ以後はですね、江戸の板本の中心を占めるのはこの整版になります。それ以外には、ここにその後に書いておきましたが、拓版とか色刷りとか銅版とかあるいは更に近世木活とか、田舎版というような、こういうものが、次々とその、整版を中心にして、その周辺に出来上がってくるということになります。

拓版というのはですね、これは、あの、正面版とも言います。資料20（187頁）にも書いておきましたように、唐様の書道が流行しますと、唐様の書道と言いますのは、要するに中国風の漢字の、その草書体や、あるいは楷書体や、諸体の漢字の、書道です。その書道のお手本が出版物として、盛んに作られるようになる。と、それも、今日お配りしましたものの中で二枚目にあるのが、それが普通に作られます書道のお手本。そして、資料21を見て頂きますとわかりますけれども、あの、これ、これですね。これが普通に作られる、いわゆる、整版と同じような形で実は文字だけを、凹版にする、普通の整版の書物は凸版です。凸版で、版木を作るんですけれども、これは逆にその文字を凹版、へこまして彫って、印刷している。で、逆文字です。逆文字でへこまして彫って印刷すると、その文字の部分だけが白抜きになる。で、これはもう整版の、技法をそのまま活用して、その凸版か凹版かというそれだけの違いですから、だからこれは整版の一種なんですよね。ところが、整版ですとね、文字を逆に彫ります。で、文字を逆に彫りますと、書道で最も重要とされる筆の勢いと言いますか、どうしてもそれが出にくい。その逆文字凹版で作るものを左(ひだり)版(ばん)**【資料21】**という風に申します。書道のお手本の場合だけにこれは使われる言葉ですけれども、こういう左版ですと、その筆の勢いが出にくい。まあそれでも上手に、非常に勢いよく書かれているようですけれども、やっぱり勢いが出にくいと。そこで、なんとかその勢いをきちんと出す方法はなかろうかと。で、それは要するに拓本をと

資料21 左版　関思恭書「草書千字文」

るのと同じような、その拓本のやり方でいけばよいわけであります。これは中国の書道でもあの、原拓（げんたく）という、石に彫り付けた文字をそのままとったもの。石に彫り付ける場合には正しい文字で彫り付けるわけですから、だから正しい勢いの文字が彫りだせる。そういうものを、木版でできないものかというふうに考えて作られ始めたのが、そのこちらのほうのこれがその拓版**【資料22】**というやり方でございます。で、これは大雅堂書の『瀟湘八景（しょうしょうはっけい）』ですけれども、この拓版は、これは板木をですね、石と同じように見立てて、それで石に彫りつけるように板木に正文字で、彫りつけていくわけです。やはり、凹版ですね。そして、それを拓本をとるのと同じようなやりかたで、叩いてこれを写しとる。そういう方法が、書

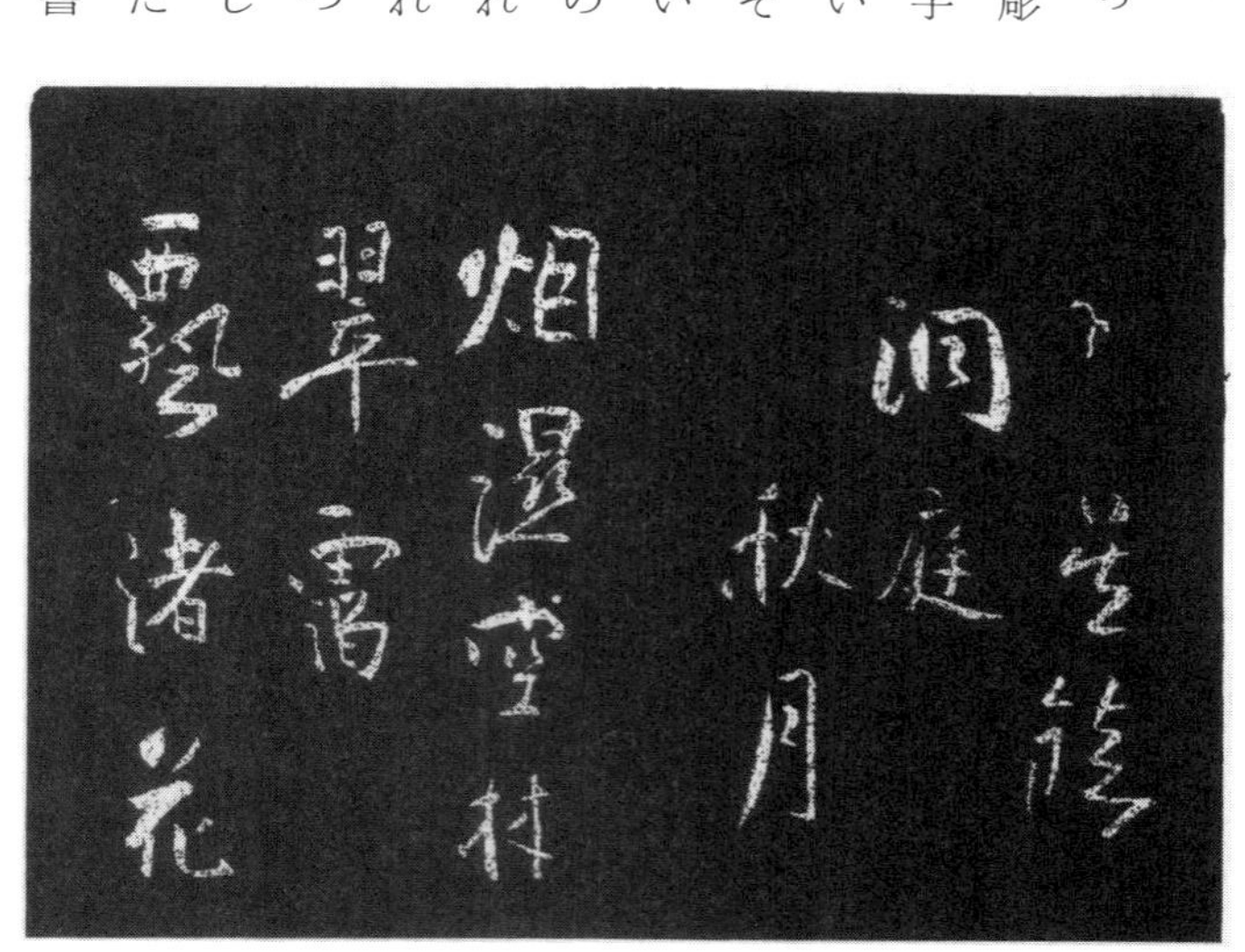

資料22 拓版　大雅堂書「瀟湘八景」

いておきましたように正徳以降、一七一一年頃から日本でもそれができるようになります。これも、中国では、先に進んでいたわけですけれども、中国のそういう技法にならって、石から拓本をとるのではなくて、木版で拓本をとる。逆文字ではなく正文字で彫りつけるので、それを正面版と、左版に対して正面版というような言い方をします。これはですね、よくよくご覧いただくと、この、文字の白いところにですね、なんとなくしわしわが入っているのがおわかりだろうと思います。つまり、左版は非常にすっきりした文字になりますけれども、正面版のほうは、なんとなくこうしわしわの入った文字、そして手で触りますとですね、左版は非常につるつるとした版面ですけれども、正面版の方は明らかに凹凸が出る。でこぼこがあります。ですから、手で触ればすぐわかりますけれども、触らなくても大体慣れればすぐに見分けがつきます。で、こういうのを拓版（正面版）という風に言うわけですね。拓本風ですので、当時は「石摺り」とも称していますが、石ではなくて木版です。そしてこの拓版を、そのまま絵画にも、絵にも応用するようなことが出来てきます。それが、例のあの若冲の、私が大好きな『乗興舟』（78頁参照）という、淀川の夜景をずっと巻物にしました、あの『乗興舟』がまさに、その拓版の技術で、それを絵画に応用して完成させたものであります。そういうものも出てまいります。

そして、更にその後、享保以降になりますと、今度は色刷りが出て参ります。色刷りというのは、それまではありませんでした。それまでは、あの、絵には手で色を付ける以外には無い。だから、二回目にお見せしました（口絵参照）十七世紀の浮世絵というのは、色刷りではないんだと。手で色をつけたものだという風に申しました。で、それが十八世紀になると、立派な色刷りの浮世絵ができてくるわけですね。で、その色刷りの技術というのが、まさに享保以降にだんだんに、こう進歩していった。これも中国の方が、はるかに百年ほども早くから色刷りが行われます。しかし、色刷りというのもですね、やはり、これも整版の一種です。整版でその、もともとの絵の輪郭線だけを刷っておきまして、で、その輪郭線の中に色を入れていくわけですが、これは色板（いろいた）と言いまして、その色の、同じ赤なら赤の部分だけ、緑なら緑の部分だけの板木を別に作るわけです。で、そしてそれをずれない様に重ねて重ね刷りをする。そのずらさないためには、板木にちょっと見当（けんとう）という目印をつける、そして、その見当によって、重ね刷りが何度も、これはもう三色使えば三枚の色板、一番目の墨刷りのものを一枚、それを主板（おもいた）といゝますがそれ迄いれて、四通り。五色使えば六通り。十色使えば十一通りを重ねて刷りつけていくような、そういうことが出来るようになってくる。それが色刷りです。その色刷りは享保頃、大方、一七三〇年以後に日本で定着して、どんどん日本人の器用さというものが発揮されまして、この色刷りは、明治になりますとですね、もうあの、数百回刷りとか、そういうものも出てきます。とにかくそのちょっとどうやって刷るのか考えられないぐらいの精巧な色刷りも出てきます。

それから更に天明以降になりますと今度は西洋から銅版が入ってまいります**【資料23】**。これが銅版です。これは、高橋景保の万国全図と言って文化の、文化七年ですか、文化七年（一八一〇）にこういうものがすでに日本で、作られます。しかもこれはですね、文化七年の時点では、世界一詳しい世界地図です。それがすでに日本でできている。これは日本のお大名はみんなこれを持っていたに違いないんです。だから、その文化七年の時点でですね、日本人の知識には、これだけの世界知識ってものがしっかり植えつけられていたという、それは間違いないことです。もちろん原図はイギリスのアロー・スミスという人の原図をそのまま写したものですが、これが世界一だといわれるのは、この間宮海峡がちゃんと海峡として入っている。これは文化七年の時点では、他の

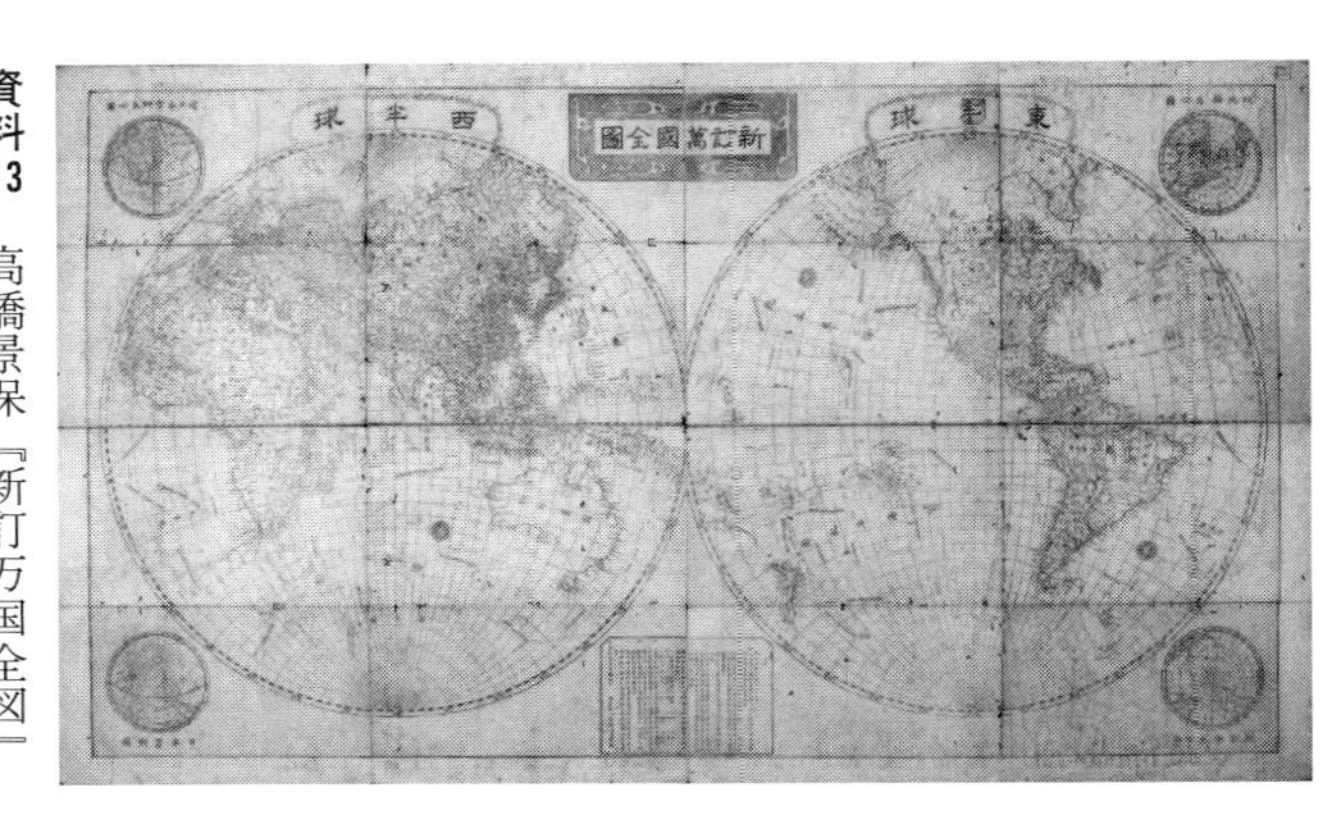

資料23　高橋景保『新訂万国全図』

世界地図には全く見えないところです。ですからそういうものがすでにきちんと日本で出来上がっていたんです。ちょっと少し急ぎます。で、天明以降、司馬江漢とか亜欧堂田善（あおうどうでんぜん）そういう人達が銅版の技術を身につけまして、で、それを、日本でもこういう形で作り上げる。

天明以降のところでは近世木活という風にそこに書いておきましたけれども、これはまた木活字の印刷が復活してくるわけです。これは古活字の時代からちょっと時代があきまして、ここの時点でその、木活が出てくる。で、この木活というのはですね、素人が自分で自分の著作だとかそういったものを印刷して作るのに、一番向いている。要するに活字さえ作れば何でもできるわけです。もちろん部数はごく少ないんですけれども、要するに活字を大体三万個か四万個ぐらい作るんですね。そうするとたいていのものは印刷できるようになる。だから、例えば、庭の桜の木が、雷に打たれて折れてしまった。で、その桜の木を細かくこう切って、コマを作って、それに一字一字自分で活字を彫って、それで自分の歌集を印刷するとか。そういうことを、まあ気の遠くなるような話ですけれども、そういうことをやった人も結構いるわけですよ。そうやってその近世木活というのができますが、これはほとんど素人出版であると、そこへ書いておきました。もちろん、もっと後になりますと、ちゃんとその木活の本屋さんというのもできてきますけれども、大半は素人の出版であった。大体千五百点ぐらいはできてるだろうと思います。そしてそういう素人出版というのは、ここが面白いところで、初めにも申しましたように、木版印刷物というのは、営業用だということがはっきりしておりますので、戦後の歴史学では官憲がそれに対して、大変な出版規制をやったとか、出版に対する締め付けがあったとかいうことが盛んに言われましたけれども、しかしその営業品はほとんど官憲の関わるところではないというのが実体で、ただ、風俗壊乱だとか、あるいはプライバシーだとか、あるいは外国にその日本の機密を漏らすとか、そういうのは良くないから、それは取り締まると。しかしそれ以外はほとんど営業さえきちんとできればいいようにしてあげましょうというのが、大体幕府の方針であるわけですね。従って、今言ったプライバシーの問題とか、あるいはその、国家機密に若干関わるようなことだとか、まぁ国家機密と言ってもそんなに大したものではないんですが、国家機密に若干関わるようなものは、営業出版で、整版で出版すると、必ずお咎めを受けるわけです。ところがそういうものをこの木活で出版すると、全くお咎めがない。それは、木活というのは、営業ではないから、自分の趣味で作り、あるいは自分の知り合いに配るものだったら、それはまあ、勝手にやって宜しいというのが、幕府の感覚であるわけです。だから、例えば、大変有名なあの出版禁止になってしまいました、仙台の林子平（しへい）という人の『海国兵談（かいこくへいだん）』。あれは、初版が、整版印刷で賣出されたときには、早速お咎めになったわけです。で、要するにそれは、海防上の機密を、日本の国家機密を漏らすということで、お咎めになった。ところがその後ですね、『海国兵談』は、全く同じ内容のものがこの木活では四種類も出ているわけです。それは全くお咎めにも何にもならない。要するに、営業品としては出版してはよくないけれども、素人が自分の趣味で配り本にするくらいだったら何もそのいちいち目くじらを立てるようなことはない。だから結局『海国兵談』が咎められたのは、要するにその出版方法によって咎められただけの話であって、その内容によって咎められたというようなことではまずないということが、おわかりいただけるだろうと思います。で、近世木活は、それを要するにどのぐらい流布させるかということですね。だから、あんまりその営業品として全国に流布するようなものでは困るけれども、自分たちの仲間内でちょこちょこと配る分にはいいだろうと。だから大体この近世木活の場合はですね、大抵限定百部とか、百五十部砕版、版を砕くなどと見返し（表紙の裏頁）などに記されております。で、中には限定十部なんてのもあります。ところが限定十部と言いますけれども、その本の今残っているものだけを見ても十五、六部ぐらいはあります。ですからその、限定十部と言いましてもそれはただそう書いているだけの話でありまして、実際には百部も二百部も作ったに違いないんですが、それでもですね、それでも全然お咎めということにはならない。それが近世木活というものの一つの性格なんですね。こういうのは、江戸の後期の、十九世紀に入ってからこういうものが大変に盛んになる。

それから寛政以降になりますと、田舎版という地方出版物がどんどん出てきます。こういう地方出版物はどうしても版面の出来上がりが汚い。当時、出版は江戸、京都、大坂の三都、それに名古屋まで入れた四都がまぁ出版の中心。今でもそうですね。東京と関西圏の若干に出版屋さんがあるというぐらいで。地方にもそれぞれありますけれども、やっぱり中心は大きな、人口密度の高いところが中心になってくるのは、これはもうしょうがない。だから、江戸時代も全く同じことです。しかし、寛政以降になりますと、日本全国に、そういうその印刷屋さん、木版出版屋さんがそれぞれできてくるようになります。そしてそういうところで、木活もやりますし、それから中には色刷りのものもできますし、まあそういう風にしてだんだんに印刷という方法が日本全国にこう広がってくる。それはもう十九世紀に入ってからだと思っていただいて結構です。そして、田舎版は一目でわかります。版面が整わず出来上がりが粗末でよくない、汚い。三都の立派な本屋さんの場合には、立派な本になりますけれども、そういう田舎版の場合には汚い。しかし汚いけれどもそこに田舎版の心意気があります。その中には、非常に実利的な、実用に向いた、例えば農業のときにこういう種を植えるといいですよとか、出産のときの心得とか、あるいは飢饉のときにこういうものを食べるといいですよというような、庶民生活に密着したような知識をしっかり植えつけるような、そういったものが殆んどは配りものとしてこの田舎版でどんどん出てまいります。

そういうのを全部を図式として記しますと、御配りした資料（187頁参照）のようなことになります。真ん中に整版があって、慶長以前は全部整版。で、慶長から寛永までは古活字になるということです。寛永から後はまた整版の時代になる。活字のほうも、慶長から寛永までは古活字があるけれども、それからずっと時代があいて、天明以降に近世木活というものが出てくる。それから拓版というものは、また正徳頃から技術が確立されて、で、拓版はもう幕末になるほど多くなります。それから、色刷りは享保頃にその整版のところから枝分かれして色刷り、これは整版に更に色板を使って重ね刷りをするという、そういう技術が生まれる。それから、天明を過ぎますと銅版が出てくる。それから、寛政頃からその、整版と木活から枝分かれして田舎版というものが出てくると。まあ大体こういうことを押さえておけば、江戸の出版の流れというのは全体的によろしいだろうと思います。

出版の技術

そしてそれを技術的な面で申しますと、版式では全部凸版の逆字彫りというのが整版です。凸版で逆字彫りですね。で、それを凹版で正字彫りにしたものが正面版（石摺りとも）であり、凹版で逆字彫りにしたものも、要するに整版の一種でありますけれども、それが左版であるということになります。それから活字はこれはもう全て凸版（たまに凹版の活字もある）で、逆字彫りで、これは一字版とか植え字版とかいろんな言い方がされますけれども、活字版。で、これが、版式の特徴です。ですから、ほとんどは凸版なんですね。そして凹版は、正字彫りの凹版というのが正面版（拓版）、左版も凹版ですけれども、これは整版と同じ技術でただ単に文字を凹版にしただけというわけです。それからそれを刷り上げるときの刷り方の問題ですけれども、これは摺印と拓印と圧印と套印と、ま、四通りに分かれると思います。で、摺印というのは要するに摺（刷）るわけですね。で、刷るということは、要するに、版木の上に墨を塗って、紙を乗せて、上から、刷るわけですから、だから、片面印刷しかできないんです。それが木版印刷の、整版の一番大きな特徴ですね。裏に印刷しようとすると、このさっき刷った版面をまたこすることになりますから、これでは具合が悪い。従って、必ず片面印刷。だから、それを開いたままで重ねて、綴じますと、開いたときに、まず文字面があって、その次は裏の白い面ということになります。それでは困るんで、必ず木版印刷のときには片面印刷をこういう風に外表に半分に折って、これを重ねていくわけですね。そうすると、開いたときに白い面が全然見えなくて済むと。だから、袋綴じという綴じ方になっています。で、片面印刷は、これを中表（なかおもて）に折る場合もあります。で、中表にしてそして両端を糊付けするわけですね。糸を使わないで。例えば、絵本なんかですと、これを袋とじで外表に折って、これを綴じ合わせますと、どうしても見開きの中央の部分に、枠線が入ってしまって、ノドに白い部分が残ってしまうわけですね。で、それでは、一面開いて、見開き全体の絵を鑑賞するのにはちょっと相応しくない。ですから、絵本の場合には、中表に折って、糊付けをしますと、一面見開きで全体が見える。そして袋綴じですと、それは版木を作るときにも非常に具合が悪くて、版木を作るときに、一枚の絵を真ん中から切って片方ずつで版木を作らなければいけなくなる。これも非常に絵を彫る上では都合が悪い。従って、そういう風に内容によって外表に折るか中表に折るか、糸綴じにするか糊付けにするかという、そういう違いは自ずから出てくる。これは内容に応じてのことだという風にお考えいただければよろしいだろうと思います。そして、それから先ほど申しました拓印というのは、拓本をとるのと同じようなものです。それから、圧印というのは、これはプレスです。プレス方式。で、プレスも、その、先ほどのグーテンベルク式ものが、最初に入ってきているものですから、プレス方式の印刷というのも、おそらく行われたに違いないと思うんですけれども、それは、現在のところほとんど報告されておりません。日本の書物の場合には。プレス方式だと両面印刷ができます。これは上から押さえつけるだけですから。しかしなかなかこの、プレス方式の両面印刷というのはほとんど日本では定着しなかった。それから、套印というのは重ね刷り。套というのは、外套という言葉が今でもありますように、外から、上から重ねるから套ですね。で、その、重ね刷りのことをそう申します。色刷りのものがそうです。

それから製本式というのはどういう風に製本したかということ。これは巻子本、最初は巻いたものです。紙に印刷をして、その紙を継いで、それをくるくるっと巻いていくわけですね。この巻いたものというのはですね、最初のへんはいいんですけれども、後ろの方を見るときは全部開かないと見られない。だからそのためには、この長い紙を継いでおいて、それを一定の幅で折っていけば、いつでもその一番最後を見ようと思えば簡単に見られる。で、そういう折り帖というものが、巻子本のつながりとして出てきます。それから、帖仕立てといいますのは、先ほど言いました絵本類、中折りにして糊付けするものが帖仕立てですね。それから、線装というのはこれは中国式の言い方ですけれども、これを袋とじという風に日本では言っておりますが、これは外折りにして糸綴じにしたもの。江戸の出版物の全体を見るときには、そういうことを頭に置いておく必要があります。

江戸に即して

最後に一つだけ申し上げたいことがあるんです。これからはですね、どうしても江戸に即した江戸の見方をすべきだということ。それは最初から申し上げてきました。江戸に即した江戸の見方をするというと、必ず言われるのは、それには限度があるだろう。江戸の人間になれるはずがないんだから。要するにタイムスリップかなんかしない限り、それは無理なんだし、江戸に出掛けていくということはできないんじゃないかという風に言われるのが、普通のことです。ところが、私はこの前のときにも、最初のときにも申し上げたと思うんですけれど、我々は確かに、江戸に出掛けていくことは出来ないかもしれないけれど、しかし、江戸人になって江戸を眺めるということ、江戸に即して江戸を見るということは、江戸に関する限りは至って簡単にできる、ということを申し上げました。それはなぜかと言いますと、これは『奥の細道』の元禄版ですが、これを手のひらに乗せますと、こっちから江戸に出掛けていくんじゃなくて、江戸が僕の手のひらの上に来てくれているわけですよ。これは間違いなく江戸時代にできたもの。ところが同じ『奥の細道』でも、例えばこれは、以前ここにおられました上野洋三さん（大阪女子大学名誉教授、近世文学研究者）の作られた『奥の細道』の活字本です。これは、昭和六十三年の『奥の細道』です。で、これを手のひらに乗せれば、昭和六十三年は間違いなくここにあるんですけれども、元禄十五年では有り得ないんですね。つまり、物としてこれは全然違う。だから、活字本で読むということはつまりそういうことを意味することでもあるわけです。ですから、こういうものをこうやって手のひらに乗せて、向こうから来てくれるものですから、これをじっくり見て、ここから、必要な情報を取り入れることが出来れば、それは江戸に即して、江戸に行ったのと同じことになるわけなんですね。そしてしかもそれが百五十万点あるわけです。だからなんでも江戸のことは手のひらに乗せて考えることが出来るわけです。ところが江戸以前となるとね、これはなかなか難しいんで、これはやっぱり博物館とか美術館行って、ガラス越しに眺める以外にはしょうがないですよね。しかし江戸は百五十万点は、間違いなくあるわけですから。そしてそれは今でも神田の本屋さんへ行けば三百円、五百円でいくらでもある。例えば今日もそこへ行ってきたんですけれども、これは千円です。中身は古今和歌集の序文を、江戸時代のお家流の書風で、お手本としてこういう風にきれいに書かれている。これはもう版も非常にきれいですし、刷りもいい。それが千円ですよ。で、これも千円ですが、これはお裁縫のその指南書と言いますか。和裁の、いちいち細かにこうやって絵まで、図まで入れて、事細かに説明をしたものです。これは宝暦六年の写本ですから、十八世紀の中頃よりちょっと前ぐらいのものですよ。もっと古いものでも、例えば五冊一揃いのものの一冊だけとか、そういう端本(はほん)になりますとほんとに二百円、三百円。で、いくらでもある。ですから、江戸を手のひらに乗せることは至って簡単なんです。スターバックス一回分で江戸がこっちに来てくれるわけですよ。ただし、読めないとどうしようもないわけですから、だから、読めるようになりましょうということなんですね。しかも、和本にはとにかく便利なところがありまして、とにかく軽い。何か一見非常に頼りないようですけれども、大変強いものなんです。だから例えばこれを投げたとします。（実際に投げて見せる）で、投げても軽いから全く安心です。資料館のものを投げるわけにはいかないでしょうけれども、自分のものだったらどんなにしようとも勝手な話ですから（笑）。これ、折り曲げてポケットに入れても、ほとんど何の影響も無い。江戸時代から折れ曲がったままの、誰かが読みかけてそこを折っていたものなども、いくらでもあります。そういうものでも買ってきて、こう伸ばして、置いておけば、一週間もすれば全く折り目も何もついてない。近代の活字本はそれこそ折ったらそのまま折り目がつきますよね。でこれを投げたらおそらくばらばら。もう少し大きな立派な本ですと、投げたらそれは自分でとても直すことはできない。しかし和本はさっきやったように、投げても別に壊れないし、また、投げて、もしどこかがこわれてもこれ全部手作りですから、手で直せるんです。その糸が切れたら切れたで糸をかけかえればいいだけの話なんです。そして糸が切れたりすると、なんか非常に怖いと思っていらっしゃる方がおられますけれども、これはもう、江戸時代の本というのは全部一度は糸が切れていると思っていいんです。それを誰かがどっかで取り替えた。まあもちろん、出版されたときのままの姿のものもたまにはありますから、それは大変大事なものだと思わなければならんのですけれども、大半は糸が切れている。それはなぜかと言うと、糸は切れるように作ってあるんです。つまり、これをこうぎゅっと無理に開きますと、糸が切れることによって、紙を守るわけです。だから、糸は切れやすい糸を使ってある。細い糸でですね、で、ちょっと無理をすれば必ず切れてしまうような、そういう糸が元糸なんですよ。だから、元糸が切れたときには自分で簡単に繕うことができる。これももう慣れればですね、僕みたいな不器用な人間でもほんとに一冊に五分とかかりません。そしてこういうものは糸綴じで簡単なんですけれども、例えば、江戸以前の立派な列帖綴(れっちょうとじ)のものなんかはですね、これは大変だろうと言われますけれども、これも至って簡単に直せる。それは、糸が二本、そして針が四本要ります。一本の糸の両端に針をつける。もう一本の糸の両端にも針をつける。で、それを交互に中から外へ、外から中へ入れていけばいいんですけれども、これはまあ、最初はちょっと説明が要りますけれども、やれば簡単にできる。それは我々が学生のとき使っておりましたノート、大学ノートですね。大学ノートは皆そういう形で作られておりましたし、昔から。だから、今でもそれを綴じ替えることは至って簡単です。ただ、やっぱり、列帖綴じの本は最初に申しましたその、「雅」と「俗」で言えば「雅」の方になるものが大半ですので、そういうのはやはり大事にする必要はたしかにあるでしょうね。だから、わざわざその糸を取り替えるようなことまではちょっと遠慮した方がいいかもしれませんが、こういうものはですね、たとえ『奥の細道』であろうがなんであろうが自分のものであればどうしようと自分の勝手ですから。だからその踏んづけようが折り曲げようが、そんなに気にすることは無い。しかし、もちろん基本的には大事にするというのはもちろんのことですが、しかし、そんなに怖がる必要はないということですね。ところが今の図書館でコピー厳禁なんていうようなことを言います。コピーをさせないというのは、これは糸が切れると怖いからです。その糸が切れたら直せばいいのに直せない。そういうことをやったことが無いんで怖いんで、それを禁止する。実際には明治以後の活字版のほうがはるかに怖いわけです。あれは、コピー機にぎゅっと押さえつけますと背中が割れますし、一旦割れたらどうしようもない。製本屋に出さない限りそれは直せない。ところが和本の場合は、ぎゅっとやるとそれは切れるのが当たり前であって、切れたって何の痛痒も感じないで済む。だから図書館の人はそういう点にですね、それぞれが習熟してくだされば、こういう和本は本当はコピーに一番向いた本なんです。必ず虫が食うんですよね。でその、虫が食うということは、開かないから虫が食うんです。だから、開けばいい。ということは、コピーをすればいい。

コピーをすれば、虫はみんなそこで落ちてくれる（笑）。だからコピーに最も相応しいのは和本であると。まあ、それは無理にやらないほうがいいことは間違いないんですけれども、まあ、そういう、和本としての性質がありますよと。これも、やはり和本にちょっと慣れれば、それは至って簡単にわかることなのに、慣れないから、そういうことがどんどんわからなくなってしまっている。そのためには、ちょっと神保町にでも行って、金曜日、土曜日は必ず古書会館で古書展がありますので。まあ、古書展にもグループがありますので、和本をよく扱う本屋さんの出るグループのときに行かれれば、必ず和本はあります。そしてその場合に、こういう風に値札の付いているものはもう遠慮して買わない方がいいかもしれません。つまり、二千円とか、大体千円以上の本は、大体値札を付けてきちんとこう並べてある。しかしその代わりにその下にですね、値札も付けないで、裏表紙なんかの隅にちょこっと紙を貼って値段を付けてある。それはもうだいたい三百円、五百円の本です。そういうもので十分なんですよ。読む勉強と言いますか、読む練習をするのには、それでもう十分なはずです。三百円、五百円であっても、誰かの旅日記であるとか、そういう結構まとまった、一冊まるまるのものでも、誰が書いたかもわからないようなものですと、大体そんな値段のものが今でもいくらでもある。で、そういうものを買っていただければ、それでその本は助かるわけですよ。つまり、三百円、五百円でですね、誰も買わなかったときにその本はどうなるか。これは本屋さんが、そんな三百円付けても誰も買わないような本だったらこれはそういつまでも持っていてもしょうがないわけですよね。ですから潰されるわけです。今でもどんどんそうやって潰されていっているものが、おそらく大量にあるはずです。日本全国で言えば、それこそどれだけ潰されているかわからない。そういうものを、せめて「和本リテラシー」の回復のために、自分で三百円か五百円出してでも、買ってくだされぱそれはそこで助かるわけですよ。ですからそうやってそれで読むことを勉強してくだされば、立派な本もどんどん買うことができるように、読めるようになってくるわけです。活字になっている本というのは、これは要するに近代主義、前から口が酸っぱくなるほど言っておりますけど、近代主義、その近代主義の観点から価値があると思われたものが活字になっているわけです、大体。それは当然立派な本ももちろんあるんですけれども、しかしいずれにしてもそういう近代主義的な評価を得て、そして活字化されていると。だから、活字になっているものだけをいくら読んでいても、全部読んだとしても、それで、近代主義をもう一つ乗り越すような、近代主義に対する疑問がこれだけ生じてきているのに、その近代主義を批判するような立場、あるいは更に近代主義を乗り越える、まあ別に近代主義の凡てが悪いわけではなくて、今までの近代主義があまりにも青臭い急ぎすぎた近代主義であったわけでありますから、その急ぎすぎに対して、要するに、イエローカードが出ているわけですね。ですからその青臭さをなんとか乗り越えるためには、というか、近代主義をより成熟させるためには、その、近代主義的な評価で活字になったものだけを読んでいてもそれは無理だとはっきり言うことができるだろうと思います。ですからそういう近代主義的な評価から漏れ落ちたもの。今、三百円、五百円なんですよ。ですからその三百円、五百円をなんとか読むようになっていただいて、そしてそういうものを、スターバックスに一回行くのをちょっと抑えていただいて、買っていただいて、それが近代主義をより成熟させる一つの大きな足がかりになるに違いないと。そういう風に考えております。

以上で、私のお話を終ります。、大変長いことご清聴ありがとうございました。

初刷りと後刷りの比較

誠に申し訳ありません。こういう資料の説明を全く忘れてしまって、ちょっとだけ、あと五分だけ。これは何のために御配りしたかと言いますと、同じ板本でもこれだけ違うということ。つまり先ほども申しましたように、板本というのは一点一点全部違うと思ってくださってそう間違いではございません。だから写本と同じことなんです。ただ若干は同じものがあるかもしれない。しかし、今残っておりますのは最初の初刷りの百部のうちの一点、二刷り目の百部のうちの一点、そういう風に残っているわけですから、だからみんな違うんです。で、その違いということを、例えばですね、色刷りのものなんかは、明らかに色の具合が全然違っておりますので、一見したところでは別の彫りかと思うような違いが出てまいります。これ【資料24●口絵「山水徴」】は、初版、上が初版で下が後刷りですね。後刷りの方はですね、色板が全く変わってくる。ですから、こういうべたっとした濃い色が使われたりしますと、もうまるで一見したところでは別の本じゃないかと思うぐらいに違ってきます。だから、初版が大事だということはそういうことになるわけですね。その初版が大事だということのもう一つの例が、例えばこれです。これは、右が『鳥山彦（とりやまびこ）』【資料25】初版です。で、左は『石燕画譜（せきえんがふ）』という、これは名前も違ってきますけれども、初版が『鳥山彦』、後刷りは『石燕画譜』。これは同じ版なんですけれども、その、妙なところに手が加わってしまっている。上左の扇面の外側にこういう不必要な筋目を入れましたりですね。それからこの弁慶と牛若丸では、初版の方は弁慶と牛若丸だけで左上に月の輪郭線がありますけれども、後刷りの方には上にこうもりが飛んでいるという、不思議な絵があります。それから、猿の絵でも、顔が全然違いますでしょう。それから真ん中に白い子猿がおります。これが後刷りの方では消えてしまっている。これは、子猿の場合は、輪郭線が無くて、外側に黒い色を置くことで、この子猿が白く浮き上がってくるようになっているわけです。外側の黒い色板を省

資料25　鳥山石燕

右『鳥山彦』（初版）

左『石燕画譜』（後刷）

（東洋文庫所蔵）

いてしまいますと、こういうことになってしまう。それから猿たちの顔もなんか逆向きになってしまっているという。これもですね、色板を省くというのが経済原則で、つまり、後刷りになるほど手を入れないで、出来るだけ手抜きをして作ろうとして、こういうことになる。但しその割にはさっきのこうもりの様に逆に手を入れてしまっている所もある。そういうことですね。でそれから更に見ますと、例えば『古今画藪』**【資料26●口絵】**のここの部分ですね。ここの部分は初刷り（左側）では鳥が逆さまに留まっております。で、後刷り（右側）にはその鳥が抜けてしまっているんです。ですから同じ本でも初刷りと後刷りで、これだけ違ってくるということですね。やはりこれも色刷りですね。ですから、色板を省くことによってそういうことになる。更には亀田鵬斎の『胸中山』**【資料27】**という有名な絵本ですけれども、これとこれとこれと全部同じ本です。同じ本ですから、奥付のところはみんな文化十三年。ところが一番上のその初版本には、ちゃんと奥のほうに遠山があります。ところが、後刷りになりますと、遠山そのものが無くなってしまっています。で、これも色板を省いた結果ですね。で、初版には「近日刻成」という、まあ、これから出しますよという予告が入っている。それが、後刷りになりますと、もうその文字が無くなってしまいます。要するにもう既に出た後ですから。初めに印刷したものには、こういうところにはなかなか律儀に「近日刻成」と彫ってある。そして、本屋の数も変わってき

資料27　亀田鵬斎『胸中山』（上は初版、・中下は後刷）

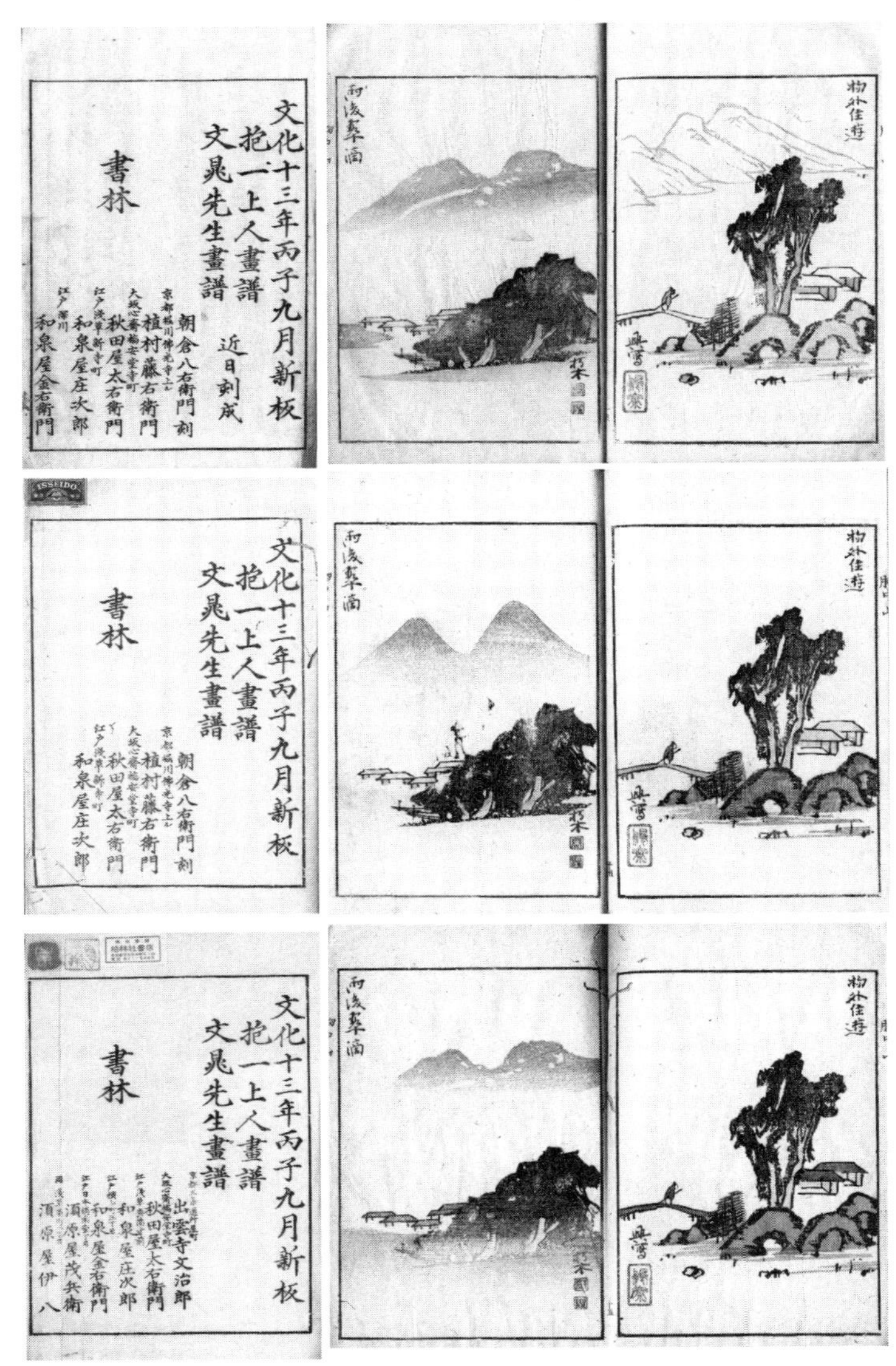
文化十三年丙子九月新板
抱一上人畫譜　近日剞劂
文晁先生畫譜
朝倉八右衛門　刻
植村藤右衛門
秋田屋太右衛門
和泉屋庄次郎
和泉屋金右衛門
書林

文化十三年丙子九月新板
抱一上人畫譜
文晁先生畫譜
朝倉八右衛門　刻
植村藤右衛門
秋田屋太右衛門
和泉屋庄次郎
書林

文化十三年丙子九月新板
抱一上人畫譜
文晁先生畫譜
出雲寺文治郎
秋田屋太右衛門
和泉屋庄次郎
和泉屋金右衛門
須原屋茂兵衛
須原屋伊八
書林

ます。

それから、『芥子園画伝（かいしえんがでん）』**【資料28●口絵】**ですけれども、これは色目は違いますが、板は全く同じ版だということがわかりますのは、上下とも左側の丸のところ、この外側の枠に切れ目があります。つまり、同じところに切れ目があるということは、版が一緒だということなんです。しかし、下の絵は右側の縦枠にも切れ目があって、上の絵にはありません。つまり上が早印で、下が後印本というわけです。もう一つ、ここに、賛の落款印がありますよね。その印は両方違っております。だから、版は一緒でも、刷りが後刷りか初刷りかによって、いろんな違ったところが出てくる。だから、とにかく同じ本だから同じものだと思うととんでもない間違いが生じるということの一つの大きな実例です。更には、こういう、これは洒落本の『傾城買二筋道（けいせいかいふたすじみち）』**【資料29】**というものですけれども、上の段と下の段で、上の段は初刷り、下の段が後刷り。この初刷りの方には、序文の最後に「京はしの息子」というのがあります。で、それが下の段では、「式亭三馬叙」ということになります。だからはっきり序文を書いた人の名前が違うんですね。それから『傾城買二筋道』の序とあって、「智者にも一質あれば」という「シツ」という字が、上のほうは質屋の「質」という字になっています。でそれが下の段では「智者にも一失」、失敗の「失」になっております。でこれは、意味の上から下の方が正しいんですね。上のほうは間違いです。で

資料29　梅暮里谷峨『傾城買二筋道』（上は初刷、下は後刷）

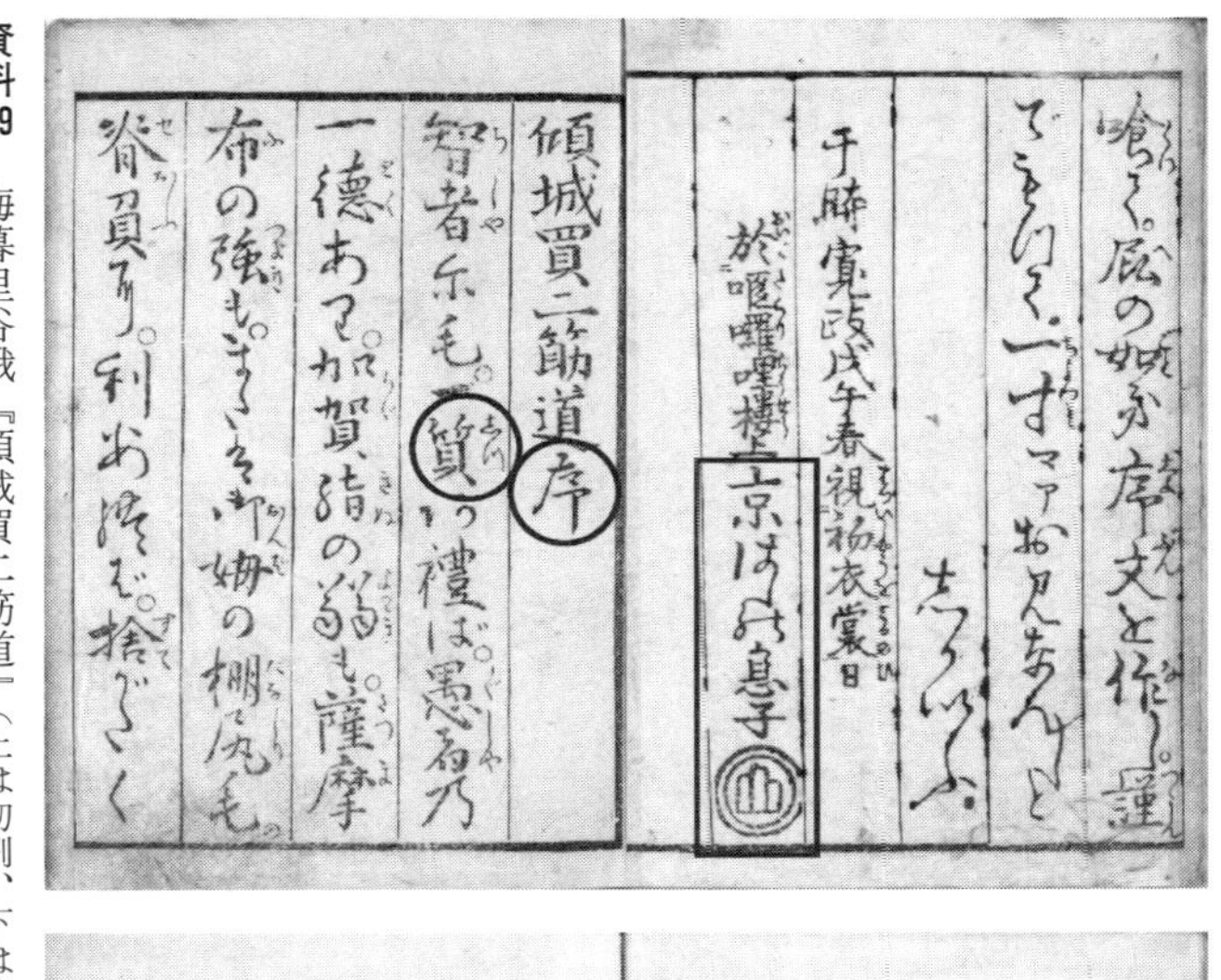

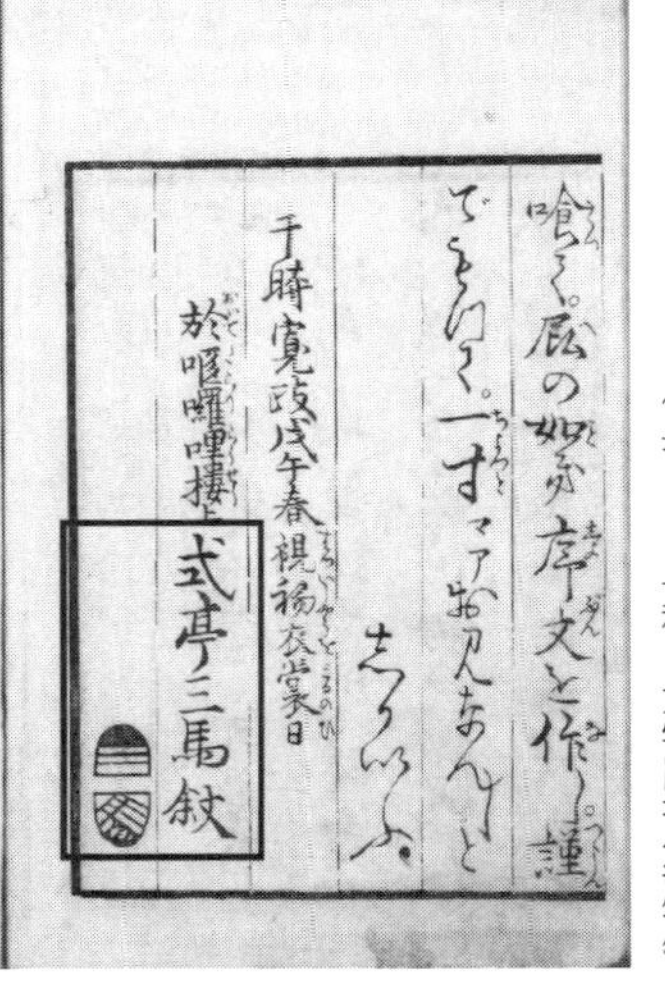

（上下とも早稲田大学図書館所蔵）

すからこれは、初刷り本の方の間違いを、後刷りで正したということなんですね。そして、しかも「京橋の息子」というのは、多分、有名作家の山東京伝を匂わせたのだろうと言われています。でそれが、式亭三馬ということになってきますと、おそらく三馬が、初に、京伝らしくみせかけるために名乗ったのか、という風にも受けとれます。でそして、その、どっちが早いのかということになりますと、やっぱり間違いを正した方のやつが後であろうと、当然それで見当が付くと。それから、なかなか忙しいことになってきましたが、ちょっとこの『泉親衡物語（いずみのちかひらものがたり）』**【資料30】**、こういうのを見てですね、我々の場合は特にこの、資料館にお勤めの先生方は、こういうことにも大変長けた先生方が育ってくださっているはずだと思いますが、これをぱっと見て、ちょっと「あれっ」と思うわけです。どういうところで「あれっ」と思うかと言いますと、この『泉親衡物語』というところの上の「泉親衡」の三字がですね、下の「物語」と比べると、ちょっとずれているんじゃないかと。それから、「唐紅（からくれない）の藤波（ふぢなみ）」というこの、これも、「唐」と「波」は揃っているけれども、真ん中の三字がちょっと左に寄ってるんではないかなという風なことが、だんだん見慣れてくると、なんとなくそういうことがわかるんですね。で、そうなるとおそらくこの本は、原題を『泉親衡物語』というのではなくて、「なんとか物語」という風に最初はあったものを、この「イズミノチカヒラ」という風に、後で変えたのではないかと。そしてここの、内題の、小題の部分も、何か別の表現であったのを、後で別の文字に変えたなということは、それでわかるわけです。こういうのは、板本では簡単に変わります。変えたい部分だけ削り取って、そしてまたそこに新しい木片を植え込んで、新しい文字に彫り変えればよろしいわけで。だから非常に簡単ですね。あっという間に出来るんです。ちょっとした熟練の一つで。ですからそういう字の並び具合で、これは、そういう形の前の本があるなということを、大体見当付ける一つの例としてわかる。そしてこういうものが非常に多かったんですね。やはり江戸時代の書物というものはやたらとどっさりあったんで、例えばこれなんかですね、これは、「日本経済叢書」【資料31】という、瀧本誠一さんという方がおやりになった大変労作ですけども、この中の第六巻に

泉親衡物語 巻之一

東都 福内鬼外 著

紅乃藤波

資料30 二世福内鬼外『泉親衡物語』

入れてある『燕居偶筆（えんきょぐうひつ）』というものの、その原本をそのまま活版所に渡して、そして活版屋さんの方で、これを原稿にして組み上げた。だからここへ、その、手書きで「経済叢書五巻」とありますね、これ。活版屋さんが書いたのでしょう。要するに、「日本経済叢書」の原稿なんです。だから、自分で原稿を作るんでなくて、もうこの原本をそのまま活版屋さんに渡してですね、これで組んでくれと言って、それで組み上げられた。そのぐらい、非常に、まあ雑にというと悪いんですけれども、要するに活版本を作るときの原稿代わりにこういうものをどんどん使っていたと。そしてまあ活版屋さんのほうも、こういうものを原稿にして、いくらでも版が組めた。そういう時代であったということが、この「日本経済叢書」は大正時代の何年かのものですけれども、こう

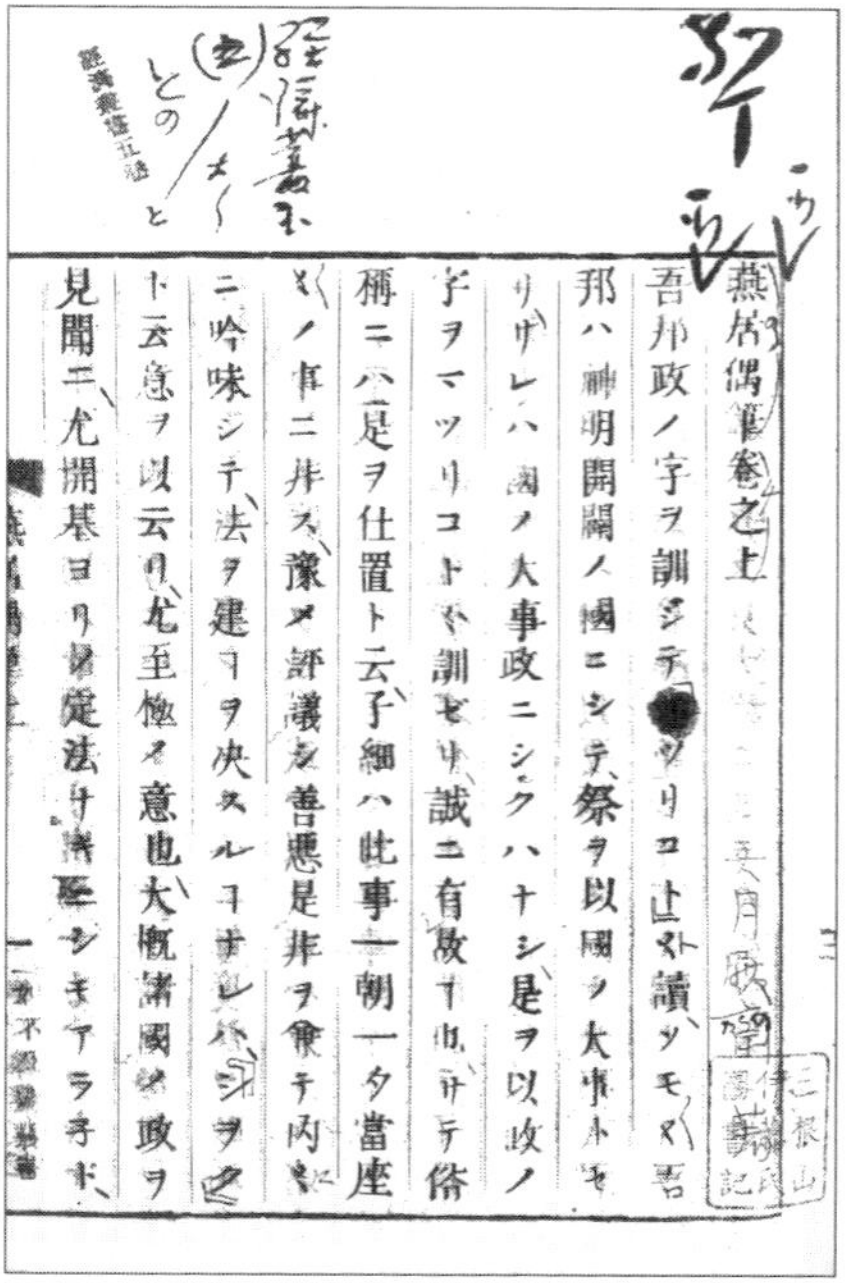

資料31 大月履斎『燕居偶筆』（『日本経済叢書』所収）

いう状況であったという風になるわけですね。ですから、その頃までは十分に江戸の板本なんていうのはもう誰でも読めた。職人さんが、ちゃんとそういうものを読んで、自由にそれを使うことができた。それがいまや、大先生と呼ばれる方でもほとんど読めなくなってしまったという実情があるというのは、これは大変困ったことではなかろうかと、思う次第でもあります。ちょっと最後のところでまた時間をとってしまいましたが、誠に申し訳ありませんでした。それで、今のような「和本リテラシー」に関しては、今月の岩波書店の『図書』(第七四一号・平成二十二年)にですね、ずっと連載しておりましたその最後でしたので、またそこにその「和本リテラシー」ということをしつこく書いておりますので、今日お話したようなことのポイントはここに書いております。ですから、それを読んでいただければと思います。

参考資料集

資料6　自堕落先生『風俗文集』延享元年（一七四四）刊

千里の労なくて松江の鱸を味ひ、紡績の功なくて西陣の錦を求む。口のまづしき朝は生肴の声有り、腹のふくるゝ夕は刻たばこの箱来る。病る時は医師多く、よごるゝ時は湯屋近し。店賃の滞りなければ地主に恐れなく、冷飯に余り有れば、痩犬に悦有。行灯出さんとすれば油油と呼、煎茶入れむとすれば薪薪と売る。味噌塩にも小売有り、酢醤油は壱銭づゝも買れ、酒は鳥の鳴くしのゝめより、後夜過るまで御用御用の小でつち有。春の日は長けれど、寝て居て用を弁じ、秋の月の明らかなるにも、団子、鴫焼き有り。かゝる所に住なれて、いづれの所にか行べき。自由と不自由とはいづれか人の好む処なるや。

（「市中の弁」）

資料7　釈法忍『続人名』宝暦頃（一七五六）刊

夫の職により他国づとめ留守の内、又は在所逗留の留守を考へ、召仕のうち心おきなき女子をかたらひ、日比心に懸し男を引込、又夫の朋友などゝ馴染、或は色々の手管を廻し、芝居役者又は大神楽の笛吹き男などを引込、芝居をかこ付に野郎かげまと茶屋にて出会、或は家の男又は手代等になじみ、（中略）手前の夫のものを盗み出し、手前の身の皮を剝いでも密夫に是を与へ、内にて逢がたきは寺参りよ、物詣よとかこつけ、茶屋を拵へ、下女に物をとらせ抱込、下辺を賺して芝居などへ遣し、爰にてゆるゆるとあひ、又兄嫁の身として夫の弟と不義をし、姑の身として娘にとりし聟を寝取りて実の娘を憎むなど、わけて憎ましく見へしは、夫は卑しき身なりをして、肩に棒をかづけ、わづかの商ひに朝とく出て夕に帰り、一日辛労して少しづゝの利分をもうけ、女房を養ふに、女房は髪化粧しやんとして、手白く足白く身拵へ、すこしの縫物仕事をするを鼻にかけ、立たものを横にもせず、烟草くゆらせ、例の密夫をむかへ、酒肴を催し、楽しみを尽し、夫の帰らん頃は何喰はぬ顔つきにて縫物を抱え、雨などの日は、夫は濡れしょぼたれて泥だらけになり、くたびれ足を引きづりて帰るを、湯にても沸し置早々遣はせんともせず、足つゐでにそこな水汲でと、却て夫をつかふ心ざし、さりとては男もならぬ行跡なり。

（巻之八）

資料8　『八盃豆腐』宝暦頃（一七五六）成立

○喧嘩之場ぇ行逢る事

一、一方は乱心か又は酒狂と見へ候はゞ、親疎貴賤にかまわず其方を抱とめ申べし

一、時、所あしく　上へさわり（差支え）申候節は　是又親疎貴賤を不ㇾ論、とりとめ可ㇾ申候

時は上之御慎等之節、所は御城中、又御供先等也

一、親類ト他人之時は脇へひかへ居　親類あやうく候ば助太刀致　討せ可ㇾ申候　親類は従弟位迄　夫

れより遠く候而(て)もしたしく候歟(か)　又傍輩ニ而も別而(べつして)入魂(じっこん)にも候はゞ　様子により助太刀可レ然候
一、常躰之傍輩と傍輩之時は脇ニ扣居(ひかへをり)　一方被レ討候はゞ　相手へ申含(まうしふくめ)　近辺之寺へ同道致　其身は附添　余人を以御断(おことわり)可ニ申成一候　其討果(うちはたし)候節　中へ入　双方聞届候上にて為ニ討果一(うちはたさせ)中度候得共(さふらへども)　左様に成不レ申候はゞ　脇に扣(ひかへ)候ても可レ然候
○或(あるひと)云　喧嘩之場へ参り掛り候而取り鎮(しづめ)候儀　奉公人（主人持ちの侍）之ならいのやうに言来り候に　扣居義如何成(いかなる)御料簡ぞや
答曰　左様に人之申事に候得共　慥に其法と申儀も不レ承候　与レ得(とくと)考見候に　双方より鎮候跡に　何と可レ致候哉　中をならせ候跡にて抜(ぬき)かけ候方は、あほう払（両刀を取りあげて追放すること）之罪にあたり可レ申候　兎角奉公人は抜掛候刀は　たゞは納　悪(にく)く候間　切むすぶ程ならば不レ及ニ是非一為ニ討果一(うちはたさせ)候より外御座有間敷(あるまじく)候　様子ニより其場ニ而切腹致させ　苦かる間敷候
一、傍輩と歩行(かち)之者（下級武士）喧嘩之時は　是又脇ニ扣居　傍輩あやうく候其様子により　助太刀致候而　討せ候而も能可レ有ニ御座一候　助太刀致程なくば　万一其上にも傍輩討レ候ば　此方相手に成うち可レ申候　又傍輩早ク討レ候所え行かゝり候はゞ　歩行を討には及申間敷候　其時は歩行之者を近辺之家に方付置(かたづけおき)　町ならば肝煎(きもいり)（名主など）に預け置　御断(おことわり)申上可レ然候
一、傍輩と町人百姓等之喧嘩の時は　右同断
一、歩行之者と歩行之者之時は　脇に扣居　一方討レ候ば　其相手を町ならば肝煎に預け置　御断申上

可レ然候

一、歩行之者と町人等之時は　右同断

資料9　西川如見『町人嚢』巻一　享保四年（一七一九）刊

「人間に五つの品位あり。是を五等の人倫といへり。第一に天子、第二に諸侯、第三に卿大夫、第四に士、第五に庶人なり。是を日本にていふときは、天子は禁中様、諸侯は諸大名衆、卿大夫は旗本官位の諸物頭、士は諸旗本無官の等也。公方様は禁中様に次で諸侯の主たる故に、公方様の侍は無官たりといへども、生れながら六位に準じ給ふ例なり。公方様の侍の外は、諸家中ともにみな陪臣といふて、又内の侍いづれも庶人のうちなりと知べし。其内一国の家老たる人は、諸侯の大夫なれば、公方家の侍に準ずべし。其外国々の諸侍、扶持切米の面々、いづれもみな庶人なり。扨庶人に四つの品あり。是を四民と号せり。士農工商これなり。士は右にいへる諸国又内の諸侍なり。農は耕作人なり。今は是を百姓と号す。工は諸職人なり。商は商売人なり。」

資料10　新渡戸稲造『武士道』明治三十二年（一八九九）成立（岩波文庫、一九三八年刊）

（一）「即ち婦人が最も少く自由を享有したのは武士の間に於てであった。奇態なことには社会階級が下になるほど——例へば職人の間に於ては——夫婦の地位は平等であった」

（第十四章「婦人の教育及び地位」）

（二）「封建制を専制政治と同一視するは誤謬である。（中略）即ち前者（専制政治）にありては人民はいやいや乍ら服従するに反し、後者（徳川封建制）にありては「（前略）高き自由の精神の生くる心の服従」である」

（第五章「仁・惻隠の心」）

（三）「武士道の全教訓は自己犠牲の精神によって完全に浸潤せられて居り、それは女子についてのみでなく男子についても要求せられた」

（第十四章「婦人の教育及び地位」）

資料11　渡辺京二『逝きし世の面影』葦書房　平成十年（一九九八）

（一）「日本の下層階級は、私の看るところをもってすれば、むしろ世界の何れの国のものよりも大きな個人的自由を享有している。そうして彼等の権利は驚くばかり尊重せられていると思う。」

（カッテンディーケ『長崎海軍伝習所の日々』一九六四年刊〈原著“Uitterksel uit' het dagboek van W. J. C. Ridder H. v. Kattendijke, gedurende zijn verblijf in Japan in 1857 en 1859” 一八六〇年初版〉）

（二）「日本は専制政治に対する世界最良の弁明を提供している。政府は全知であり、その結果強力で安定している。その束縛は絶対であり、あらゆる面をひとしく圧している。しかるに、社会はその存在をほとんど意識していない。」

（マクガワン（安政六年来日、米人宣教師）の言葉〔オールコック『大君の都・上巻』一九六二年巻〈原著“The Capital of the Tycoon, A Narrative of a Three Years' Residence in Japan” 一八六三年初版〉〕）

（三）「農民の婦人や、職人や小商人の妻たちは、この国の貴婦人たちより多くの自由と比較的高い地位をもっている。」

（チェンバレン『日本専物誌・2』一九六九年刊〈原著“Things Japanese” 一八九〇年初版〉）

（四）「日本の農民のあいだに、最も自由で独立心に富んだ女性を見出すことには何の疑いもない。」

（アリス・ベーコン〈原著“Japanese Girs and Women” 一九〇二年改訂増補版〉）

（五）「農民や商人の妻は、天皇の妻がそうであるよりずっと夫の地位に近い」（ベーコン前掲書）

（六）（日本の中流以上の女性の性質）「不用意な観察者には見抜くことのできない、堅固な、ほとんど『きびしい』ともいうべき性質である」（チェンバレン前掲書）

※〈（一）・（二）第七章、（三）〜（六）第九章〉

資料12　片山松斎『国学正義編』　文化十年頃（一八一三）成立

〈世界に本末を分て、我国を以て万国の本国と褒め、外国を末国と貶すが如きは、道理に於て当ることとなし。其故如何といふに、大地は渾周一万八百余里の土丸水球なり。此地球の四面に唐土・天竺・西洋・韃靼・朝鮮・日本等の万国大小の諸島囲付する事、球に画様を縫たるが如し。故に国土に上下本末聊も有る事なし〉

〈又、日本の天皇を万国の大君と称する事、甚以て不通の論なり。日本は独立の国にして山城の天皇は日本国の天子也。万国の天子に非らず。支那には支那の天子あり。独立する国は一国といへども独歩の天下なれば、其国王を天子と称するなり。蘭書に万国世界を記するに、天子国と王国と有。汝も蘭学に通達すと自慢するからは、定て此儀をも認知すべし。何ぞ知らぬ顔して途轍もなき阿房を囀るや〉

〈始めに生じたる人は父母も有る事なく、生々の気天地に満々たれば、渓間上窟(タニホラ)の鬱蒸より出生する事、今日湿地(ハキダメ)に太陽の気盛んに照し蒸時は、生々の気湿土に満々て、父母なき諸々の虫類を生るが如し。～天地開闢に生る人は全く禽獣に異なる事なし〉

〈古事記・神代巻は人事を仮て造作の理を説き、日本一国の開闢を述たる也。万国の開闢を云るにあらず〉

〈神代といふは大古の別名也。野に処り穴に住て衣服もなく火食もなし。今の奥蝦夷の地、並に東方亜墨利加(アメリカ)の辺地など神代といふべし。汝等神代といへば滅多無性に有難かれ共、我は然らず。神代は一向羨むべきものにあらず〉

〈(日本の)万国に勝れたる事は、先哲の論（ケンペル「鎖国論」など）ずる所、しかりといへ共、日本とても地球渾円の中にあれば、別段に神の生なせる国にあらず〉

〈古事記・神代の巻は皆人事を以て造化の理を述るが故に、天七地五の諸神悉く有名無実にて実躰有事なし。天御中主の尊・国常立の尊、濂渓が所謂大極無極の理に相同じ。大極の説を妄説とせば、神代の説も妄誕となるべし〉

〈今時、地動の新説海内に流行し、談天者流皆此義を信用し、天下の諸人も粗(あらまし)地の旋るといふ説を識る世の中に、我は西説に依るに非ず、西説が我古伝説に似たる也といへるは、誰か是を信スル者あらんや〉

〈日本の開闢、漢土に後れたり共、さのみ本朝の瑕瑾にも非ず。又日本の名誉とも成べからず。開闢の先後を争ひ、日本は万国の本国など誇耀するが如きは、皆小智小見のなす所にして大人のいふべき事にあらず〉

資料15　島田虔次『朱子学と陽明学』岩波新書　昭和四十二年（一九六七）一八七ページ

孔子および孟子は、人間のタイプを「中行」「狂」「狷」の三つ（あるいは「郷愿」を加えて四つ）に分類した。中行は中庸の人で最上、しかしなかなか得がたい。狂は「進ミテ取ル」もの、勇往邁進の理想主義ではあるが、往往、言行不一致を免れぬ。これがそのつぎ。狷は「為サザルトコロ有リ」、孟子によれば「不潔ヲ屑（イサギヨ）シトセザル」もの。いちばん下等は郷愿、「閹然トシテ世ニ媚ブル」もの、八方美人、「徳ノ賊」（『論語』子路・『孟子』尽心下）。陽明は既に自ら狂を以て任じたが、陽明学左派にいたっては「狂こそ聖学に入る真の路」と強調した。「むしろ濶略掩わざる（欠点まるだしの）狂士となるも、完全無毀（完璧でそしりようもない）の好人となるなからん」（王竜渓墓誌名に竜渓を評せることば）である。なお本文中、五倫云云は李卓吾が左派の何心隠を評した語（『焚書』三）。「友を命とする」情熱的同志意識は左派の特徴である。性真云云は左派の王竜渓の語。『挫折』の、「狂」に言及しておいた。要するに「狂」は、概して、アーヴィング・バビットのいう「浪曼主義的人間」に親近な点が多いように思える。

・島田説による陽明学の特徴
主観唯心論
人欲（私）の肯定
人間の自然の主張
個性主義（童心（卓吾）・性霊（袁中郎））
三教一致（異端の容認）
「史に定質無し」（卓吾）（史学重視）（反復古）
「道」の外化（徂来学）と「道」の内化（陽明学）

資料16

・「論語」（吉川幸次郎「中国古典選」3　朝日新聞社　昭和五十三年（一九七八））

（公浩長）

・子在陳曰、歸與、歸與、吾黨之小子狂簡、斐然成章、不知所以裁之、
子、陳に在りて曰わく、帰らん与、帰らん与。吾が党の小子、狂簡にして、斐然として章を成す。之れを裁する所以を知らず。

〔子路〕

・子曰、不得中行而與之、必也狂狷乎、狂者進取、狷者有所不為也、

子曰わく、中行を得て之れと与にせずんば、必ずや狂狷乎。狂者は進み取る。狷者は為さざる所有る也。

・「孟子」尽心下（金谷治「中国古典選」9 朝日新聞社 昭和五十三年（一九七八））

・萬章問曰。孔子在陳。曰盍歸乎來。吾黨之士狂簡進取。不忘其初。孔子在陳。何思魯之狂士。孟子曰。孔子不得中道而與之。必也狂獧乎。狂者進取。獧者有所不為也。孔子豈不欲中道哉。不可必得。故思其次也。

万章問いて曰わく「孔子は陳に在せしとき、『なんぞ帰らざる、わが党の士は狂簡にして進取、その初めのこころを忘れず』といいたまえり。孔子の陳に在せしとき、何ぞや魯の狂士を思いたまえるは。」

孟子曰わく「孔子は、『中道のひとを得てこれに与わりえざるときは、必くば狂獧か。狂なる者は進み取り、獧なる者は為さざるところ有り』といいたまえり。孔子は豈で中道のひとを欲せざらんや。必ずしも得べからざるの故にその次〔の狂獧〕を思いたまえるなり。」

・敢問如何斯可謂狂矣。曰。如琴張・曾晳・牧皮者。孔子之所謂狂矣。

「敢いて問う。いかなれば斯わち狂と謂うべきか。」

曰わく「琴張・曽晳・牧皮の如き者は、孔子のいわゆる狂なり。」

・何以謂之狂也。曰。其志嘐嘐然。曰古之人古之人。夷考其行。而不掩焉者也。狂者又不可得。欲得不屑不潔之士而與之。是獧也。是又其次也。

「何の以にこれを狂と謂うや。」

曰わく「その志は嘐嘐然にして『古えの人、古えの人』というも、その行ないを夷考うれば、このことばを掩（覆）わざる者なり。狂者も又得べからざるときは、不潔（不義）を屑ぎよしとせざるの士を得てこれに与わらんと欲す。これ獧にして、これ又その次なり。」

・孔子曰過我門而不入我室。我不憾焉者。其惟郷原乎。郷原徳之賊也。曰。何如斯可謂之郷原矣。曰何以是嘐嘐也。言不顧行。行不顧言。則曰古之人古之人。行何為踽踽涼涼。生斯世也。為斯世也。善斯可矣。閹然媚於世也者。是郷原也。

〔万章曰わく〕「孔子は『わが門のまえを過りながらわが室に入らざるも、われの憾みとせざる者は、それ惟だ郷原か。郷原は徳の賊なり』といいたまえり。曰う、いかなれば斯わちこれを郷原と謂うべきか。」

「〔狂者をそしりては〕『何の以にこれ嘐嘐なる。言は行ないを顧りみず、行ないは言を顧りみざるに、則も古えの人、古えの人という』といい、〔猥者をそしりては〕『行ないは何ぞ踽踽涼涼や。この世に生まれてはこの世のことを為さんのみ。善せらるれば斯わち可きものを』とて、闇だしく世に媚ぶる者は、これ郷原なり。」

資料18　「荘子」（大宗師篇）（福永光司　朝日新聞社「中国古典選」昭和三十一年（一九五六））

・子貢曰。敢問㆓畸人㆒。曰。畸人者。畸㆓於人㆒而侔㆓於天㆒。故曰。天之小人。人之君子。人之君子。天之小人也。

子貢曰わく、「敢ぞ畸人を問えられよ。」と。

曰わく、「畸人とは、人に畸りて天に侔しきものなり。故に曰わく、天の小人は、人の君子。人の君子は天の小人なり。」と。

資料19　『近世畸人伝』・題言　天明八年（一七八八）刊

○吾党の人此草案を見て曰、「『荘子』にいはゆる畸人も、自 畸人の一家也。此記は始に藤樹、益軒二先生をあげ、次々にも徳行の人おほし。こは畸人をもて目べからず。人のなすべき常の道ならずや、いかに」と。予曰、「然り。しかれどもおのれが録せるところの意、子がおもへる所に少しく異也。唯広く心得られよ。此中たとへば、売茶翁、大雅堂のたぐひは子がいはゆる一家の畸人也。仁義を任とせる諸老、忠孝の数子のごときは、世の人にたくらべて行ふところを奇とせる也。是をたとへば、長夜の飲をなして時日甲子を忘れたる儕の間に、独おぼえたる人あらんには奇といふべし。さればおのれが沈湎眼には、つねの道を尽せるが奇と見ゆれば、またおのがごとき人にも見せばやと、いさゝか人のための志をもてあぐる也。たとひ題名に負くの誚を負もまた辞せざる所なり」。又詰曰、「しかはあれど、此中、産を破りて風狂し、家をわすれて放蕩せるもあり、徳行の奇にたぐひがたしといはまし」。曰、「風狂放蕩かくの如しといへども、其中趣味あり、取べき所あるを挙る也。玉石混淆に似たれど、彼も一奇也此も一奇也、しひて縄墨を引て咎むべからず。たゞ風流にたゞよひ、不拘にとらけて、不孝不慈なると、功利に基し、世智にわしりて、不忠不信なるは奇話の一笑に附すべきあるも、こゝに収ざるのみ」。

著者紹介

中野　三敏（なかの　みつとし）
1935（昭和10）年、福岡県生まれ。
近世文学研究。九州大学名誉教授。

【編著書】
『近世新畸人伝』毎日新聞社
『戯作研究』中央公論社
『江戸名物評判記案内』岩波新書
『江戸文化評判記　雅俗融和の世界』中公新書
『江戸の板本　書誌学談義』岩波書店
『本道楽』講談社
『和本の海へ　豊饒の江戸文化』角川選書
『江戸の文字を楽しむ』（全3巻）角川学芸出版
共編『大田南畝全集』（全20巻）岩波書店
共編『洒落本大成』（全30巻）中央公論社
共編『近世子どもの絵本集 上方篇』肥田皓三　岩波書店　など多数。

江戸文化再考（えどぶんかさいこう）　これからの近代（きんだい）を創（つく）るために　古典ルネッサンス

2012（平成24）年7月5日　初版第1刷発行
2012（平成24）年9月28日　初版第2刷発行
2012（平成24）年11月5日　初版第3刷発行

著者　中野三敏

発行者　池田つや子
発行所　有限会社笠間書院
東京都千代田区猿楽町2-2-3［〒101-0064］
電話 03-3295-1331　Fax 03-3294-0996
NDC分類：910.25　装幀　笠間書院装幀室

ISBN978-4-305-00276-1 印刷・製本　シナノ
（本文用紙・中性紙使用）
乱丁・落丁本はお取替えいたします。
出版目録は上記住所または下記まで。
http://www.kasamashoin.co.jp